中沢孝夫
福井県立大学名誉教授

本を読む

3000冊の書評を背景に

草思社

本を読む——３０００冊の書評を背景に

まえがき

本を読む（書評をする）ことが、そのまま大学の教師と平行した務めとなったことはとても幸運なことだった。

本を読むことは、そのまま他者の「ものの見方、考え方」を知ることになった。無論、どの本を読んでも学びがあった。すでに10年以上も前のことだが、『就活のまえに』（ちくまプリマー新書、２０１０年）という本を書いた。それは学生たちに、就職活動に取り組む前に、なすべきこと、学ぶべきことを伝えることの必要性からだった。

それには「書評」をすることと同一の意味があった。毎日学習をすることが大事なのであって、就職活動という特別のトレーニングに注力するよりも、学校の勉強やクラブ活動あるいは趣味に注力することの方が大切だという、平凡な事実を書いたのだが、そのことは社会人にも共通することである。

つまり自分の根拠地を持つことが必要なのだ。

以下のことは、すでに『就活のまえに』で書いたが、夏目漱石が『私の個人主義』（講談社学術文庫）の中で、次のように記している。

「職業というものは要するに人のためにするものだという事に、どうしても根本義を置かなければなりません。人のためにする結果が己のためになるのだから、元はどうしても他人本位である」

この夏目漱石の言葉に何事かを付け加えたら、それこそ蛇足になってしまうが、それは学生が勉強することや、ビジネスパーソンが働くことにも通じる。

もちろん、身体的な問題や、その他の事情があって、仕事ができない人もいることは承知しているが、多くの人は「働く」、つまり仕事をすることによって暮らしを成り立たせている。そして仕事をするということは、ほとんどの場合、他者と関わることである。漁業に従事していても、農業や製造業を職にしていても、他者との関わり合いを持つことによって「仕事」というものは成り立つ。もちろん流通業も同様である。芸術家にしても、作品を鑑賞する人間がいてこそ成り立つ。

まったく当たり前なことだが、社会というものはそのようにして成り立っている。

筆者の場合は、高校を卒業したあと、郵便局で働き始め、全逓（全逓信労働組合）という労働組合の専従という仕事に就き、45歳になってから大学（立教大学法学部）に入学し、2000年の秋に、兵庫県立大学（当時は姫路工業大学）に赴任。2008年に福井県立大学、そして2014年から福山大学へと赴任し、2018年まで働き、その間にもうひとつの仕事として、長く「日本経済新聞」を中心に書評を書いてきた。

書評という仕事のスタートは、1992年、「週刊エコノミスト」であった。次に声をかけてくれたのは「週刊朝日」だった。「週刊朝日」の場合は、誌面1頁と、けっこうボリュームのある活字量だったので、大著を批評するのには向いていた。

その「週刊朝日」で藤本隆宏先生の『能力構築競争』（中公新書、2003年6月）を書評する機会を得たが、その結果、藤本隆宏先生と知り合えたのはとてもラッキーなことだった。とくに福井県立大学で地域経済研究所の所長として在籍していたときに、放送大学からの依頼で『グローバル化と日本のものづくり』（２０１１年3月）を出版できたのは、藤本先生が、東京大学に在籍していたときだったが（現在は早稲田大学大学院）、もともと藤本先生は、ミクロもマクロも目配りする経済学者なので、中小企業と地域経済を専門とする筆者も、とても勉強になった。

もっとも書評という仕事は、どのような本を読んでも楽しいし、勉強にもなった。

筆者はこれまで、約３０００冊の本を紹介（書評）してきた。主な寄稿先は「日本経済新聞」だった。毎週木曜日の夕刊に9人の評者が交代で、寄稿してきたが、紹介した著作は、書評掲載と同時に重版するという結果をもたらした。それゆえ、書評されたい本が（版元から）筆者の手元にはたくさん届けられた。

「日本経済新聞」の書評は２００４年４月からだったが、連載を終了したのは２０２１年の12月だったので、実に17年の連載となった。その後、「日本経済新聞」

の場合は「朝刊」に寄稿するようになったが、いつのまにか短い「書評」の方が自分に向いているような気がしてきた。「週刊朝日」などで、長い書評を書いていたにもかかわらず、長期にわたって「日本経済新聞」で短い書評を書いているうちに、短い書評の方が、切れ味が良いように思えるようになってきた。

「短い」というのは、1回に3冊を紹介してきたが、長いもので308文字がひとつの書評で、残りの2冊は90字だった。308字でも90字でも全力をあげて書評した。本を書いた側にとっても本を書くという作業はいい加減なことではない。それゆえ、必ずしも評価できない本でも著者に対する敬意をいつも持っていた。

本書・第5章の「書評の事例」を読んでいただければ、ご理解いただけると考えるが、どの本も全力で、読み、評したと思っている。

当然ながら、読んだ本は、書評した本以外にも数多くある。書評するためには、選ぶ必要があるからだ。つまらない本を紹介するのは無意味だからというだけでなく、楽しい本を紹介したかった。

筆者の場合、書評の対象とした本は主にビジネスパーソン向けだったが、必ずしも自分の得意な分野ではない本も書評の対象とした。なぜならそれは自分自身の勉強にもなったからであり、読者にとって必要かもしれないと思える場合もあったからだ。

本を探して、本屋さんの店内を歩くこと自体も楽しいことだった。本屋さんを歩くことにはいつも発見があった。新聞広告をしない本（出版社）もあるからだ。

また、自分の書評の対象ではない、娯楽本を手にするのも楽しいものだ。アマゾンは便利だが、既知の書籍の購入以外できない。本文でも紹介するが、筆者の場合、とくに楽しく読んだのは、隆慶一郎氏の本だった。『吉原御免状』（1986年）、『かくれさと苦界行』（1987年）、『鬼麿斬人剣』（1987年）、『一夢庵風流記』（1989年）など、実に楽しかった。ビールを飲みながら読むには最高の本だった。

本書は本を読んできた筆者の記録である。こうした本を読むことが、そのまま多くの編集者と知り合い、自分の仕事となった幸運を今さらながら噛み締めている。

本を読む

3000冊の書評を背景に

目次

第2章　本の読み始め　43

第3章 書評について 71

第4章 本と教養 85

第1章

本を読む楽しみ

本を読む楽しみ、本屋に通う楽しみ

本を読む時間ほど楽しいことはない。そこには自分の知らなかった世界が開かれていて、思いもかけない空想の世界が広がっている。もちろん大谷翔平が登場する野球はとても楽しいことだ。また阪神タイガースやジャイアンツなどに熱狂するファンがいることは少し承知しているし、ゴルフを含め、その他の各種のスポーツや映画を含めた娯楽も楽しいに違いないが、それは自分の時々の体力や気力、あるいは若者か年寄りか、など「持っている時間」にもよる。その点では本を読むことが最も息が長いと自分では思う。

無論、上記の各種の楽しみは、みな自分の中で共存しているが、あえて順序をつければ、筆者の場合、たとえば休日に東京駅・丸の内北口のオアゾ・丸善に行き、並んでいる本の中から数冊を選び、その後、3階か4階のカフェに行き、ビールを注文し、買ったばかりの本を開くことほど楽しいことはない。

娯楽本ももちろん手にするが、様々な本の書名や帯を見ながら、時折、本の方から「自分を読んでくれ」と呼びかけられているような気分になることがある。それは何十年か本を読み続けてきた結果、なんとなくピンとくるものがあるからだ。

読書はときに苦役

とはいえ、かつて（若いとき）は本によっては、必要性によって、苦役とまではいわないが、ある種の緊張感を持って本を読んだことがある。例えば『資本論』を30歳の頃、読み通したときのこと。一週間たっても読み終えず、何度も前後を読み返しながら、それでも十分に理解できたとは思えなかったが、読み終わったときには、充実感とほっとする気分があった。

それは大きな山を上り切ったという気分でもあった。

その後も、とくに『福翁自伝』（岩波文庫、1937年）とか、猪木武徳氏の『経済思想』（岩波書店、1987年）や、藤本隆宏氏の『能力構築競争』（中公新書、2003年）、あるいは北岡伸一氏の『門戸開放政策と日本』（東京大学出版会、2015年）など一連の大著と巡り合ったが、それらの本は、物事を理解するための基礎となっただけではなく、職場調査をする上で欠かせない背景知識となった。

たとえば、猪木氏の『経済思想』は、経済学の多数の古典を紹介しつつ、国家の存在理由や「自由と平等」などの意味を説明している。ただ「自由と平等」に関しては、猪木氏には、スミス、トクヴィル、福沢諭吉の思想的系譜を丹念に辿りながら、自由と平等に関して詳細に述べた『自由の条件』（ミネルヴァ書房、2016年）という別の本がある。

なお他にも猪木氏には、『学校と工場』（読売新聞社、1996年）、『自由と秩序』（中央公論新社、2001年）、『公智と実学』（慶應義塾大学出版会、2012年）など、素晴らしい著書がたくさんあり、筆者が大学を卒業した以降も多大な恩恵をいただいている。

以上の本はそれぞれが自分の見解を述べていて説明に具体性がある。要するに文章を組み立てる前提としての、現実の職場調査や、古典の基本的な理解が徹底しているのである。

45歳で立教大学に入学

筆者が45歳のときに立教大学に入学した件に関しての詳細は後述するが、上記のような本を選び理解するためには、自分の知識があまりにも幼いと思ったからである。もちろん大学での日々の生活は大変だったが、あと先は考えてもさしたる意味はないと思いながら、4年間の勉強の日々を過ごした。今でいうリスキリング（学び直し）の先駆けともいえるが、当時はそんな言葉は日本語にはなかった。

もっとも、学び直すも何も、体系的に学んだことはなかったから、「学び直し」というのも言葉に無理があった。しかし周辺の人々は、みな好意的だった。ものを書く場所を積極的に提供してくれた。書く経験は、それまで従事していた全逓労組の機関紙での職場調査の報告程度であった。

49歳（1993年）で立教大学の法学部を卒業したあと、2000年10月から姫路工業大学（現在の兵庫県立大学）の教授職に就き、最初のゼミ生が集まったとき、すぐにそれまでに本を読んできた蓄積が意味を持ってきた。

ゼミ生たちに『ポーツマスの旗』（吉村昭、新潮文庫、1983年）や藤沢周平の『蟬しぐれ』（文春文庫、1991年）、『福翁自伝』（岩波文庫、1937年）などたくさんの本を読ませ、夏休みには2泊3日の日程で、京都にあった学生会館で合宿をしたが、どの本も章ごとにコメントカードの提出を求め、一字一句揺るがせにしないトレーニングをした。

それは、それぞれの本こそ異なっていたが、大学時代に師である北岡伸一先生に教えられた通りの教育方法だった。

その結果、20年以上も前のゼミ生から「あのときに読んだ本は宝物です」という声が寄せられるようになった。つまり本を読むことは、自分自身の成長に寄与するのである。

たとえば『ポーツマスの旗』は、日露戦争の終結に当たって、外交官・小村寿太郎と金子堅太郎を中心に、日露戦争で大国・ロシアとの戦いに、「勝った」と国民（大衆）には思わせるところまで漕ぎ着けたが、現実は日本の国力の限界に達していたという事実を背景に、外交的な駆け引きによって、なんとか戦争の終結に導いた努力を描いた本だが、この本によって、日本の国力や外交というものの事実を学生たちは学ぶことができた。もっともロシアの側も、レーニンによる革命の時期に遭遇しており、日本と妥協せざるを得ない事情もあった。

もちろん筆者にとっても、毎年代わるゼミ生を前に、細部を何度も読み返すことによって、本の理解に関して徹底することが可能となった。

それは、その後の「書評」という新聞や雑誌など活字メディアにおける仕事を引き受けるための必須ともいえる知識と経験であった。

書評の始まり

筆者の書評という仕事は、1992年「週刊エコノミスト」での、佐高信氏との隔週での連載執筆の「筆刀直評」という欄で始まった。これは本を対象としただけではなく、新聞や雑誌の「活字」を対象としてもいたので、純粋な書評欄ではなかった。

そのあと声をかけてもらったのが「週刊朝日」だった。週刊朝日は毎回1頁と、けっこう一回のボリュームのある書評だったが、ほとんどが大著ともいえる、藤本隆弘氏の『能力構築競争』（中公新書、2003年）などの本を書評するのには手頃なものだった。またそのことが後述するように藤本氏と共著で放送大学の客員教授として『グローバル化と日本のものづくり』（放送大学教育振興会、2011年）を書き下ろす機縁になった。

45歳（1989年）と、大学に入学するには少し遅すぎる年齢だったが、岩波書店の雑誌「世界」などに売り込みに行き、当時の編集長が、持ち込んだ見本の原稿を読み、快諾をしてくれて、何度かの寄稿が始まった。またゼミの指導教官だった北岡伸一先生の紹介によって「中央公論」などに、社会党・総評ブロックの存立の意味などを中心に書くことになったのは、46歳から47歳の頃だった。

筆者の場合、大学入学が45歳ということがマイナスになったことはない。「世界」への寄稿が、その後の岩波新書『中小企業新時代』（1998年9月）や『変わる商店街』（2001年3月）などの本につながることになった。

そうこうしているうちに「週刊朝日」での書評のレギュラーになった頃、「日本経済新聞」から、「夕刊で新しい書評欄を設けたいので協力してくれ」との依頼があり、「目利きが選ぶ3冊」の連載が2004年の4月に始まり、2021年12月まで続いた。結果、「週刊エコノミスト」から始まり「週刊朝日」、JR東日本をはじめとする各種のPR誌などの書評欄を含めて、約3000冊の本を紹介することとなった。

また、とくに「日経新聞」の場合は、毎週の木曜・夕刊に、9人の評者が3週に1回交代しての寄稿の反響はとても大きかった。いくつもの出版社が書評掲載と同時に重版を決めた。それゆえ、いくつかの出版社や何人もの個人から注目を集め、取り扱ってくれ、との依頼が、直接・間接に集まってきた。無論、すべてお断りした。そんな馴れ合いをしていたら自滅することは明らかだった。また日経の夕刊の書評を降りたときは、土曜日の朝刊の書評欄に一時寄稿することになった。それゆえ第5章の、書評の事例の中に、長文の書評を掲載した。

書評を書くときの基本姿勢は「自己の抑制」

書評を書くときの自分の基本姿勢は「自己の抑制」だった。

それは、本を紹介することの意味である。書評で大切なことは「自分が得をすることや、自分を輝かすことではなく、本を輝かすこと」にあると思ったからだ。本は評者の知識を披露するためにあるわけではない。

また書評で最も困るのは「仲間褒め」である。知人、友人の本の評価は書きにくいものだ。それゆえなるべく避けた方がよい。たとえば、高杉良の一連の作品。とくに大長編の『金融腐蝕列島』などはとても面白かったし、史実に基づいており、非常に優れた戦後の高度成長期の経済史的達成を示していた。そのような高杉氏が書いた本の書評を「週刊現代」から依頼されたことがきっかけとなり、氏から食事に招待され、結果として、知人・友人の一人となった。それ以降彼が書いた本は、文庫本の解説などは喜んで引き受けたが、書評で取り扱ったことはない。

ほめるための紹介か？

無論、本はほめるために紹介するわけではない。日経の夕刊では、毎回3冊の本を紹介したが、評価は☆印で示すルールがあった。最も良いのは☆5つ。どうかなあ、とピンとこないものは星1つだったが、☆1つは17年間で1冊のみだった。つまらない本をわざわざ紹介するのは無意味といえるからだ。

しかし誰が何を書こうと勝手ではあるのだが、あまりにも事実関係を間違えている場合などは、批判するのは当然のことだと考えていた。しかし書評の対象とした作品は、読む側にどこか良いところがあると判断したものなので、3冊を紹介するときは結果として☆3つが多かった。

とはいえ、とても良い本であっても、☆4つがメイン（長文、308字）となり、☆5つを短文ですます場合があったのは、あまりに専門的な作品は一般読者に「不要」と思えたからで、☆5つでも短文（約90字）による紹介とした。

本を読むことは楽しいこと

また読者による書評の評価（結果）は当然それぞれが別である。書評を読んだ読者は、評者の評価能力を読み取ることになる。それは、それぞれの背景知識と主観が異なるからだ。

一般的に読む側にとって大事なのは、書評を読んだ結果「読みたい」と考えた場合、まず読み始めること。最初に手に取ったら「はじめに」や「序」と「あとがき」を読み、関心が持てたら、本格的に読み始めれば選本の失敗は少ない。また仕事で読む必要のある本と、休日に楽しみで読む本にほとんど違いはない。前者も後者も知識の広がり、語彙力・表現力を豊かにする、ということでは同じである。それはいわゆるリベラルアーツの蓄積である。

ただし、本を読むことは、英語や数学などを習うのとは少し事情が異なる。大切なことはまず楽しむことである。本を読むのは楽しむことと同時に、新しい知識を吸収するために必要なので、高校を卒業したくらいの学力が基礎となるように思う。

とはいえ、本は必ずしも目的意識を持って読む必要はない。専門家が、専門とする分野のものを研究するのは当然としても、もともと面白い本を読めば自分が必要としている知識が身につくものである。筆者の場合は、高杉良、北岡伸一、猪木武徳、高坂正堯、小池和男、藤本隆宏、青木昌彦などの無数の本を乱読してきたが、その半分は書評という仕事を兼ねており、残りの半分は興味と楽しみのためであった。またこうした著者の本は勉強になったと同時に楽しいものだった。

そして勉強のためではない純粋に楽しむ読書もある。隆慶一郎の『吉原御免状』（1986年）や『一夢庵風流記』（1989年）をはじめとした一連の作品は、一時代を画したものだが、隆慶一郎は、わずか5年の作家活動で急逝し（1989年）、実に残念だった。しかしその作品群は、現代でも輝いており、版に版を重ねている。小説は基本的に想像の世界だが、客観的な史実を丹念に吟味し紹介しながら描く隆慶一郎や高杉良の小説の説得力は素晴らしいものだった。それは登場人物の造形が巧みだったからでもある。フィクションの世界は、作家の想像力の大きさと、緻密さによって決まる。

あるいは石田衣良の一連の作品は、いつも「性」ということを中心に描いているが、そこには人間の持つ本質が伴っていると思う。なんといっても、高杉良や石田衣良そして隆慶一郎の作品はビールを飲みながら、気楽に読めるところがよい。

北岡伸一氏の場合は、大学でのゼミや外交史の講義など直接学んだことが多かったが、近年に書かれた『明治維新の意味』（新潮選書、2020年9月）には、明治という時代の世界的にもまれなスピードによる近代国家づくりの意味について改めて蒙をひらかれたといってよい。

猪木武徳氏の場合も同様である。たとえばすでに紹介した『経済思想』（岩波書店、1987年7月）は、経済学の丁寧で手際の良い概論であり、リベラルアーツの必要性は北岡先生や猪木氏から学んだといえる。

リベラルアーツに関しては、小泉信三は、その著書『読書論』（岩波新書、1950年に初版発行）で、世の中の事業家が、「すぐに役に立つ人間が欲しい」という意見に対して、「すぐに役に立つ人間はすぐに役に立たなくなる」という知人の意見を紹介しているが、まったくである。鍋釜は買ってくればすぐに煮炊きの役に立つが、それ以外の役に立たない。つまり付加価値はない。人間にとって大切なのは新しいことを考える力である。

ただし、北岡氏や猪木氏の本は、マーカーが必須であり、ビールを飲みながら、というわけにはいかない。

近年の書評の事例

ここで、筆者が近年に書評した事例を2、3あげてみよう。

『危機の外交・岡本行夫自伝』（新潮社、2022年4月）、に関して次のような書評をした（「週刊東洋経済」2022年6月18日号）。少し長いが、万感の思いを込めて書いたものだった。

書評のタイトルは「日本を世界標準へ。卓越した外交官の遺書」であった。岡本の本には「自伝」であって「遺書」という表題はなかったが、コロナ禍で、著者が書き終わったときに新型コロナウイルスに感染し突然逝去したからだった。少し長いがこのときの書評を再掲したい。岡本の本には、時間幅の長い説得力のある叙述がある。

本書は日本の卓越した外交官であった岡本行夫の自伝であり、遺書である。ロシアのウクライナ侵略により、第二次世界大戦後のパラダイムは大きく変わった。今、世界の国々、また人々は何をなすべきかを問われている。ただ、今回がまったく初めてではない。日本は約30年前の湾岸戦争時に岡本たちの懸命の努力があっても、一国平和主義に固執した。135億ドルという巨額な戦費を負担したにもかかわらず、人を出さなかった日本は全然評価されなかった。日本のトラウマである。ウクライナへの支援でも米、英、EUなど世界標準との落差は大きい。

無論、日本も意識を変えつつあるが、あまりにも漸進的である。岡本が指摘するように、世論調査は「外交による紛争解決」という選択肢を最重要視するが、問題はそれが機能しなくなった時にどうするか、だ。

詳しくは本書に譲るが、外務省、財務省をはじめとする役所の縄張り根性は、国益の否定にすらつながることが多い。これは単に政治の構想力と決定の弱さではない。日本国民の弱さである。

日本に復帰してから50年が経過した沖縄の基地問題にしても、岡本たちによる負担軽減の取り組みを意識することなく、私たちは長く平和を楽しんできた。しかし、もはや日本だけが、本土だけが安定を享受できる時代は終わったと知るべきだ。

岡本アソシエイツの澤藤美子ゼネラルマネージャーの「あとがきにかえて」によれば、本書は当初、日本への理解を求めて米国向けに書き始められたが、後に日米同時出版を目指すようになったとのことである。評者はその判断に感謝している。

いうまでもなくロシア・プーチンによるウクライナへの攻撃に対して、岡本が書いた湾岸危機（1990年からのイラクによるクウェートへの侵攻）のときよりは日本は積極的に関わっているが、アメリカはもとより、イギリスやＥＵ諸国と比べても残念ながら岸田総理の電撃的訪問までは少し消極的であった。もちろんＥＵ諸国間でもウクライナ支援には温度差があり、国によっては、いわゆる支援疲れもあり、一律に「ＥＵは」とか「アメリカは」とは言えないが、日本の支援はもっと積極的であってもよい。これまではせいぜいヘルメット、防弾チョッキ、医薬品程度であり、最も重要な資金援助はもっと大胆であってもよい。いわゆる北方領土問題などが典型的だが、ロシアは明らかに日本の領土を部分的に占領したままであり、ウクライナの現場と本質は変わっていない。

とはいえ、本書は政治を論ずる場ではないので、政治的な見解はこのへんでやめておく。

そしてもうひとつ。ある程度の年齢になると、自分が心地よいと思える意見のみを聞くという姿勢になってしまうのである。いわば「聞きたくない（知りたくない）意見は耳にしない」ということになる。それは困ったことなのだが、人間の心理はその程度のものである。

選択肢としての書評

それゆえ、他者の意見（異見）を知るための素材として本を読む、あるいはそのための選択肢としての「書評」を読むという作業が必然化する。もちろん本屋さんの店先を歩きながら、本を選ぶこと自体は楽しいことだが、さしあたっての「発見」の場として書評欄を利用することも意味があろう。

この章の最後に筆者がアトランダムに選んだ短文の書評と長文の書評を紹介したい。短文の書評（日本経済新聞、２０２１年９月９日）は福井憲彦の『物語　パリの歴史』（中公新書、２０２１年８月）である。

二千年もの時間が堆積したパリの歴史を、素晴らしい目配りによって描いた物語である。権力や権威に依る街区づくりや景観の設計。人口の集積、商工業の発達。海運……。そしてなによりもそれらが渦巻くことによって花開いた「文化」は、世界から人を招き、そのことがまた新たな文化の厚みを形成した。言語や度量衡の統一、建造物、絵画、食べ物、ファッションなどへの見識の蓄積は、やはり、〝世界のパリ〟である。

1872年の岩倉使節団が、当時の先進国家との距離に驚嘆したのは当然だった。

翻って、アフガニスタンのように、海も大河もない山岳地帯が、民主的な国民国家をつくることの難しさに思いを馳せる。日本は幸運なのだ。

もう1冊は「週刊朝日」での、『知徳国家のリーダーシップ』（日本経済新聞出版、2021年6月）である。北岡伸一氏と野中郁次郎氏による対談形式の本である。この本に関しては次のように記した。

議論の大切さと、文章を書くことの必要性がよくわかる本である。それは物事を理解し、前に進むための必須の営意といえよう。昔の人は手紙や報告を必死に書いた。

明治から昭和の、政治家4人と経営者4人を代表例として、激動の時代を、それぞれが己の意思を固め、課題を解決して来た経過を語る。

北岡伸一と、野中郁次郎による、明治という近代国家を建設した人たちと、戦後復興という混乱期を乗り越えてきた政治家と経営者の物語だが、登場人物が持っていた「知徳」は、熟議と決断であった。

まず北岡は、明治や戦後復興を担った人たちのリーダーシップを「責任を持って何事かを実現する」と定義し、ベストな人材が重要な問題にいかに取り組んできたか、を語る。それに加えて野中は数字で分析するのではなく、「意味づけ、価値づけというのは人間の主観の問題なのであって、それを共感に持っていくプロセスが、ある意味で政治だ」と、「大きな物語」を生む条件を語る。その事例として、主な登場人物8人の営為を本書は次のように描く。

まず当時の国際関係の中での日本の位置を理解し、個々のテーマを慎重に検討しつつ、近代国家を構想し道半ばで倒れた大久保利通の言説を点検する。次に伊藤博文の複雑化する世界での日本の立ち位置と憲法体制をつくった能力を語る。二人は、当時の階級ではエリートではない。

本書には原敬など無数の人間が登場するが、明治とは人材の非地縁化と適材適所、そして働く場所での決定権を委ねる時代であったようだ。

一方で、国力の基礎としての経済の基盤を形成した象徴は渋沢栄一と益田孝であった。渋沢の日本資本主義のモデルづくりは多言されているので、この場では触れないが、わずか14歳で幕府の通訳官となった益田は16歳で遣仏使節の随員として上海から東南アジアの各都市に寄港しつつ、50日間パリに滞在した。日本との彼我の差は圧倒的だった。20歳の時に明治維新を迎えたが、渋沢栄一とともにビジネスの世界に転じ、三井財閥の礎を築き、「中外物価新報」（現在の日経新聞）を創刊するなど、情報流通による産業界の発展に、自ら解説・論説の筆を執ったという。

1840年生まれの渋沢栄一も1867年（慶応3年）にパリ万国博に徳

川昭武の随員として赴き、銀行や株式制度の仕組みなどを学んだというが、政治家も起業家もみな若かった。

では戦後はどうだろう。実質的な戦後政治のスタートは吉田茂をもって語られる。吉田は1951年のサンフランシスコ講和条約にサインをして、「戦後」をスタートさせた。そして池田勇人、佐藤栄作の2人を中心とした経済成長への離陸はまだ人々の記憶に残る。だが、戦後を代表する中曽根康弘は吉田のラインとは異なる。北岡は「政権として成し遂げた仕事がいちばん多いのが中曽根ではないか」と語るが確かにその足跡はしっかりしている。

その戦後政治を形成した経済を担った象徴的な人物は本田宗一郎と稲盛和夫である。稲盛は1959年に27歳で京セラを創業したが、本田技研工業はそれより前、1948年に法人化された。ビジネスのスタートは自転車に小型エンジンを搭載した「バタバタ」だった。自動車の応用である。現在の自動車産業の隆盛の先駆けであったといってよい。

さて、明治初めの「日本の人口は3000万人、イギリスよりもやや大きく、アメリカと同じだった」（北岡）とのこと。評者の見解では、日本の衰退の原因の一つはそこにあろう。移民も基本的には引き受けない日本は多様性や新人の台頭を認めない。

『知徳国家のリーダーシップ』の内容は以上の通りだが、もちろん2020年頃になってから、日本も、遅まきながら技能実習生を中心に多様な国からの人々の受け入れを始めたが、あまりに遅すぎた。

タイ、ベトナム、インドネシアなども、もう労働力の送り出し国ではなく、2000年代後半からは、アセアンのどの諸国も高度成長の時代に転じており、もはや各国の国境地帯からの労働力の引き受け国に転じつつある。現在の日本の人口は約1億2500万人だが、国別に見ると、11番目に多い。人間の数こそ「国力」の基本であることはいうまでもない。日本の土地の広さや狭さは問題ではない。

大切なことは、人材こそが新しいことを生み出す力なのであるという認識なのだ。たしかに近年の日本も、必死になって賃金の底上げ（外国人を含め）に取り組んでいる。

もちろん企業や個人の生産性の向上が同時的に必要とされるが、それもまた暮らしている人間の問題でもある。

多くの人間が集まることによって多面性が生まれるのである。

第2章

本の読み始め

本を読む習慣

筆者の父親の書棚にはいつもたくさんの本があった。群馬県の生んだ詩人・萩原朔太郎と知人だった(友人というよりは間接的な弟子)という関係で朔太郎の関連本などが中心だったが、小学生の頃はその本を開いてもいわばチンプンカンプンで、関心の持ちようがなかった。

小学校の5年生、6年生になって自分で本が読めるようになると、当時はどの町にもあった貸し本屋に行き、本を借りるようになった。当然、当時最大の作家だった手塚治虫の『鉄腕アトム』や、横山光輝が描いた『鉄人28号』やつげ義春など夢中になって読んだ。しかし漫画を読む時間はすぐに終わってしまった。もっと楽しい、小説やエッセイを読む日々へと移行したのである。

振り返ってみると親が本を持っている家と、置いてない家は少し異なっていた。つまり、本を読む習慣が身につくか、つかないかの違いがそこに出てくると思うのである。

小学校と中学、高校まで、家から近い学校に通っていたが、小学5、6年生になった頃から自転車に乗って街中の貸本屋に本を借りに行くようになった。小さな町（群馬県大間々町）だったので、本屋さんといっても、小学校、中学校へ教科書を納める取次のような書店しかなく、本格的な本屋さんは、前橋市までいかなければならなかった。電車で50分。当時は車を持っている家など無かったので（テレビなどもちろん無く、冷蔵庫も洗濯機もまだ無かった）、往復に時間がかかるだけではなく、本屋での滞在時間を含めると半日はかかり、お昼にラーメンなどを食べていると、朝から晩まで、前橋にいることになった。

結果、1冊本を買うと電車賃を含めて千円くらいかかり、月に千円くらいだった小遣いだけではとても足りなかった。

したがって、読む本は貸本屋が中心となった。もちろん不満などなかった。選本は本棚に並んでいる本を端から順々に選んでいたが、その中から自ずと「まえがき」や「あとがき」を先に読むことによって、自分が好きな本がわかるようになってきた。

それによって獅子文六や源氏鶏太の本を好んで読んだ。

本で大人の世界を垣間見る

とくに獅子文六の本『大番』は繰り返し読んだ。

四国の宇和島の近郊の村で、女性にモテたくなり、町役場にガリ版（謄写版）の印刷機が入ったばかりの時代（もちろん第二次世界大戦の前）に、ガリ版で印刷したラブレターを村中の娘に配布した。結果、その「印刷」したラブレターを本気で受け取った娘もいて「オラはいいけど親に話してけろ」という返事もあったが、本命は村の長《おさ》の娘だった。村の長は、自分の娘へのラブレターは良いとしても、印刷した物を村中の娘に配るという行為に激怒した。結果、主人公は村にいられなくなり東京に出て、兜町の店に入店。

当時の株の世界は賭け事と似ていたが（今でも同様だが）、主人公は株の世界に向いていて、切った張ったの世界で生き、勝ったときはその金を使いまくり、いわば宵越しのカネは持たずで、昔の芸者の置屋の女将と昵懇になり、女遊びに夢中になった。まだ売春防止法などなかった時代である。またこの本は上、下巻という大部な本なので、中学生でも、社会も経済も学校で学ぶより理解はより深かったと思うのである。

また当時のサラリーマン小説の源氏鶏太の本も好きだった。サラリーマンの世界は源氏鶏太から学んだといっても過言ではない。源氏鶏太は1912年生まれで住友合資会社で働いたが、彼の描くサラリーマンの世界に憧れた。会社の部長クラスになると、部下を連れて料亭に行くことも可能な時代だった。もっとも現代は料亭などという店は、いわば絶滅危惧種ともいえる存在であって、大企業の部長職でも行く機会はないといえよう。バーやクラブの利用が一般的である。

さて、そうした貸本は2泊3日借りて20円くらいだった。当時の私の小遣いは前述のような額だったが、どういうわけか、本を借りたり、買ったりするお金と、旅行をするお金だけは父親は拒まなかった。郵便局に勤めていた父親は当然ながら、お金には細かかったが、本や旅行という無形資産には鷹揚だった。

中学生になると、本の対象は大きく広がった。といっても名著との出会いということではなく、楽しい本をひたすらたくさん読んだ。たとえば、柴田錬三郎、山本周五郎などを夢中で読んだが、とくに山本周五郎の『樅ノ木は残った』などは強い記憶として残った。

また有吉佐和子の作品は『紀ノ川』を中心にほとんど読んだが、どれも面白かった。またどういうわけか「夫婦の性関係」なども有吉佐和子の本から知った。

また柴田錬三郎、山本周五郎などの作品は「純文学」と区別され、中間小説と呼ばれていたが、区別の意味がよくわからなかった。面白ければ十分であった。実は、「純文学」と「中間小説」の区別は今でもわからない。

たとえば「芥川賞」と「直木賞」とはどのように異なっているのかがいまだにわからない。芥川龍之介の作品はいくつか読んだが、直木三十五の作品は不明にして一度も読んだことがない。どちらの賞も、新人から中堅作家に贈呈されるようだが、中身や作風というよりも、短編は「芥川賞」、長編は「直木賞」という区分けに思える。

ほったらかしだったことの幸い

もっとも、直木賞や芥川賞は選考委員が決めることなので、「区別がわからない」ことで筆者が困ったことはない。筆者が必要としたのは、面白い本だけだった。結果、貸本屋の本はどれも楽しかったが、問題は、学校の図書館がつまらなくて仕方がなかったことだ。そして授業も無味乾燥で学校の予習復習などもちろんパスして、授業中も机の下で上記のような本を読んでいた。もちろん成績が良いわけはなかった。男6人、女1人の子どもと父親と母親の暮らしだったが、姉を含め、私以外は、皆、学校の成績はとても良かったが、両親は私の成績表など振り返りもしなかったのが不思議である。いわばほったらかし、だった。

そのほったらかしの一環として、高校2年の夏休みに10日間の日程で東北一周の旅行に出かけた。すべての列車は鈍行に乗った。急行や特急の料金は節約した。宮城県の小牛田という町に住んでいた叔父さんの家で4日ほど過ごし、近所にあった川で魚釣り（鰻が釣れたこともあり、蒲焼きにしたがタレがなかったので、さしておいしいものではなかったと記憶している）などを楽しんだあと、青森駅からバスで、奥入瀬の渓谷を通り十和田湖に行ったりした。それは大学の教師になってから、研究のためアセアン諸国訪問を繰り返したときと同様な気分だった。

そこには本を読むことと同様に新しい風景や人間との出会いがあり、とても新鮮な気分になった。とくに弘前をはじめとして、地域ごとに独特の方言や慣習があり、自分の住んでいる世界（地域）がとても小さなものだと理解するに十分なものだった。

そのような経験はのちに、福井県立大学の地域経済研究所の所長に就任してから、インドネシア、タイ、ベトナム、韓国、中国などに進出した日本の製造業からの聞き取り調査に大いに役に立った。それは、どのような環境の中で、誰が、どのような仕事に従事するようになったのか、ということを聞き取ることに必要な事項だった。

読書環境の重要性

読書傾向が少し変わったのはこの頃からだった。興味の対象が多様化したのだが、それは、なんとなくであってとくに自覚したことはなかった。

ただ、本を読む習慣というものは、子どもの頃に、身のまわりに本があったかどうかによって決まる側面があるような気がする。もちろん受験戦争を勝ち抜くために様々な本を読むことも、学ぶ、ということを通して本を読むという作業なのである。

高校を卒業してから郵便局で働き始め、社宅（官舎）に入居したが、社宅の場所が偶然、東大農学部の信号を渡ったすぐの路地裏の東片町だった。その頃の東大前は都電が走っていて、片側はずっと新刊本の店と古本屋が並んでいた。住まいとしてはもってこいだった。

太宰治、三島由紀夫、司馬遼太郎、吉本隆明などを濫読した。とくに吉本隆明の場合は、〈時代の風潮として〉読んでいただけかもしれないが、たとえば吉本隆明の代表作のひとつである『固有時との対話』（1950年）は、次のように始まっている。

メカニカルに組成されたわたしの感覚には
湿気を嫌ふ冬の風のしたが適してゐた。そ
してわたしの無償な時間の劇は物象の微か
な役割に荷はれながら確かに歩みはじめる
のである……と信じられた

（途中略）

けれどわたしがX軸の方向から街々へはい
つてゆくと　記憶はあたかもY軸の方向か
ら蘇つてくるのであつた　それで脳髄はい
つも確かな像を結ぶにはいたらなかつた
忘却といふ手易い未来にしたがふためにわ
たしは上昇または下降の方向としてZ軸の

ほうへ歩み去つたとひとびとは考へてくれ
てよい　そしてひとびとがわたしの記憶に
悲惨や祝福をみつけようと願ふならば　わ
たしの歩み去つたあとに様々の雲の形態ま
たは建築の影をとどめるがよい

この吉本隆明の、句読点のない文章を25歳や26歳のときに、どれだけ理解できていたのか不明だが、「X軸」とか「Y軸」といった表現が、とても新鮮に思えたことは事実である。「詩」の伝えられ方は、読み手が心の中で「どのようなイメージ」を持つかが基本にあり、筆者にとっては、吉本隆明のこの詩は大切に思えた。

その後、雑誌「展望」（筑摩書房から発行されていた）に次々と発表された「自立の思想的拠点」などの作品は、筆者の物の見方、考え方を大きく変えた。

もちろん吉本隆明の初期の作品は、茨木のり子の詩のように直接意味が伝わってくるものではなかった。

またそうした本と並んでいつも読んでいたのは、司馬遼太郎の作品だった。「街道を行く」など、「週刊朝日」の連載をいつも読んでいた。

といっても、雑誌で読み流していただけで、書籍として手元に残っているものは『越前《えちぜん》の諸道《しょどう》』（朝日新聞出版、2008年12月）くらいだが、例外として手元に置き、繰り返して読んだのは『アメリカ素描』（読売新聞社、1986年4月）である。

この本は、「文化と文明」の違いを明瞭に教えてくれた。

「文化」というのは「他と異なっている」という意味であり、「文明」というのは、「様々な文化」を包摂しているという違いがあるという意味である。

たとえば「日本語」は他の国とはまったく異なる。要するに「排他的」である。それはフランス語も英語も同様だ。といっても英語はもはや国際語、つまり「文明」になっているのかもしれない。

しかし、最初に大学の教授職（姫路工業大学〈兵庫県立大学〉）に就いたとき、学生に文化と文明の違いを説明し、大いに喜ばれたことを覚えている。筆者の雑学が役に立ったのである。

ただ福井県立大学に在職していた頃（２００８年から２０１４年）、アセアンの各国に進出していた企業を中心に調査をしているときに気がついたのが、ベトナム、韓国、中国を中心に犬や猫を食べる習慣があったことだった。これは「文化」の違いだった。無論、宗教的理由から、インドネシアなど、イスラム教の国は豚肉を食べない。それもまた「文化」なのである。たとえば菜食主義者は「動物の肉」を食べない。もちろん、ビーフステーキにしてもハンバーガーやフライドチキンにしても、「文化」と「文明」の両方を兼ね備えた問題かもしれない。

吉本隆明・高坂正堯・マルクス

吉本隆明に関しては、上記の作品の他に、『初期ノート』（試行出版部、１９６４年）、『カール・マルクス』（試行出版部、１９６６年）など、筆者なりに徹底して読んだ記憶があり、吉本隆明からの影響は自分としてはとても大きなものがあったと思っているが、これらの本は、確かに貸本屋から借りてきて読む本とは異なっていた。三島由紀夫や太宰治を含めて、何度も読み返す楽しさがあった。このようにして自分の本棚にたくさんの本が並ぶようになった。

吉本隆明に次いでよく読んだのは高坂正堯だった。高坂正堯に関しては『海洋国家日本の構想』（中央公論社、1965年）をはじめとして、たくさんの著作を読んだ。

もっとも雑誌・「中央公論」（1963年1月号）に掲載された高坂正堯のデビュー作である「現実主義者の平和論」を読んだときには、1960年の安保闘争の熱がまだ冷めてないときだったので、依然として筆者はまだマルクスに惹かれており高坂正堯に反発する部分が多かった。しかし高坂正堯を読み続けるうちに、次第に高坂の持つ「説得力」の強さと、文章の巧みさがわかってきた。

高坂は、道義性と理性主義に基づき、それほど積極的ではなかったが、「政治」に関わった。一方、吉本隆明は、時には中国の政治を揶揄したりしたが、現実政治とは関わりを持たなかった。

高坂の場合は「歴史」を知るが故に「未来」を政治家に伝える必要を感じたからだと思う。

なお、高坂正堯は、時の総理大臣・大平正芳のブレーンの一角を務めた。他のメンバーは、梅棹忠夫、大来佐武郎、山崎正和、佐藤誠三郎などだった。

また『女工哀史』（岩波書店、1954年7月）や横山源之助『日本の下層社会』（岩波書店、1949年5月）などを読んだのも、この頃である。その後、『日本の下層社会』に書かれている場所は、筆者の現在の住まいのすぐ近くだと気がついた。それゆえ、近所を歩くと大正時代の面影が十分に残っている。

また、政治学者の三谷太一郎の『ウォール・ストリートと極東――政治における国際金融資本』（東京大学出版会、2009年12月）なども、上記のような本を読んだあとである。この本に関しては、「週刊東洋経済」で書評した。

これは主に日露戦争期の高橋是清や井上準之助の、日本の国際金融家と国際政治の関係を描いた作品だが、素晴らしい完成度を持っていた。ただ筆者がわずかに残念に思ったのは、なぜ経済学者がこれを書けなかったのか、ということである。もちろん政治学者が経済の領域を書いてはいけない、という意味ではないが、経済学者に着想の意思がなかったのが残念なのである。

なお三谷太一郎氏は、筆者の師匠である北岡伸一先生の指導教授だった。

文学学校のこと

吉本隆明や高坂正堯のような本と出会う導きの糸となったのは、中央線の東中野にあった「文学学校」に2年通ったことだった。この学校は後に知ったが、共産党の非主流派の集まりが作った拠点だった。

中野重治、佐多稲子、久保田正文などが講師陣に揃っていたが、イデオロギー（目的意識）は別として良い講師陣だった。それゆえ講義は聞き応えがあり、前回の授業に関しての「感想」を翌週に提出させるという講師もいて、どこまで講義を理解していたのかは別として、そのコメントカード、ともいうべき一文の各参加者（生徒）の感想がとても新鮮だった。それぞれの理解が異なっていたり、同一であったりしたが、とくに異なったコメントを聞いていると、それぞれの本への理解の深さや、浅さが伝わってきて、とても楽しかった。

また文学学校には講義の他に、組会（大学のゼミと似ていた）があって、私は詩人の菅原克己の組会に入った。組会は楽しかったが、菅原克己はよく「詩を書いても飯など食えない、詩を書くよりも田を耕せ」と言っていた。まったくそうだった。菅原克己自身も、美術学校を中退して以来、暮らしのために、あちこちの雑誌の挿絵を書いていた。

つまり詩を書いていたのでは飯が食えなかった。日本の現代詩への橋渡しという存在であった萩原朔太郎ですら、夏を過ごすために軽井沢に行こうと考え、新潮社に印税の前借りを頼んで断られるという状況だったのである。この事実は「日本経済新聞」の書評欄を引き受けた頃にはじめて知った。

話が少し戻るが、この「文学学校」は、野間宏、徳永直などを中心に、1953年に阿部知二を初代校長として設立された。私が通った東中野の「文学学校」は、その半年後に「新日本文学会」によって開かれたものだった。

とはいえ、この学校がその後どうなったのか、不明にして筆者は知らない。

また「文学学校」は大阪にもあり、詩人の小野十三郎が初代の校長で、そこの講師陣も素晴らしかった。たとえば、高橋和巳、鶴見俊輔、開高健、と、一時代を制した文学者が揃っていた。

ともあれ、1960年代の初期までは大学進学率が10パーセントの時代だった。それゆえ、セカンド学習が必要とされていた。また若者たちの学習意欲も高かった。学ぶということに貪欲だった時代といってよい。

労組の専従時代の経験と出会い

そうした読書経験を経て、郵便局の現場から離れ、当時の全逓という労働組合の専従になった（その後の経緯はすでに夕日書房から出版されている『働くことの意味』で詳述した）。ただ、全逓の専従時代に初岡昌一郎氏（のちに姫路独協大学）と、兵藤釗先生（東京大学）と出会ったのは幸運だったという以外にない。後述するように姫路工業大学の教授職に就けたのも初岡氏と、兵藤先生のおかげである。

この頃徹底して読んだのは、三島由紀夫の代表作である『金閣寺』『豊饒の海』（四部作）、あるいは、第二次世界大戦後の近江絹糸の労働争議を描いた名作『絹と明察』（講談社、1964年）などである。

労組の専従として現場調査を始めたが、同時に自分が書き手になれないかとも思案した。本はたくさん読んできたが、組織内部の雑誌しか書く場所がなかった。もっとも、普遍的な場所で書く能力もなかった。基礎知識がなかったからである。また、他にいくつかの理由があって、20年ほど働いた全逓を辞め、前述のように、45歳のときに立教大学の法学部に入学した。当時の立教大学の法学部には社会人を選抜する仕組みがあったので入学できた。

どのような学問でも、ある程度、きちんと学べば（掘り下げれば）普遍性にたどり着く、という手がかりを得たのも文学学校のおかげである。

書き手になる

立教大学では最初から北岡伸一先生のもとで学んだ。北岡先生の著書は、『清沢洌』

（中公新書、１９８７年1月）をはじめとしてほとんどの大著を読んだが、理由はどの本を読んでも学びがあったからである。幸運にも、北岡先生のもとで学び、いくつかの雑誌（「中央公論」や「世界」）に当時の社会党・総評ブロックのことなどを寄稿するチャンスを摑み、その後、東洋経済新報社が募集していた「高橋亀吉賞」を１９９２年に受賞した。この論文を書いたとき、草稿を読んでもらい、たくさんの助言を北岡先生からいただいた。高橋亀吉賞の賞金は50万円だった。

当時の立教大学法学部には素晴らしい先生が揃っていて学ぶことがたくさんあった。たとえば、後に立教大学の総長になった吉岡知哉先生による、福田歓一の『政治学史』（１９８５年）の1年間にわたる講義は筆者にとっては忘れられないものとなった。

また高橋亀吉賞の50万円を元手に、大学を卒業してすぐに、まったく無謀だったが、物書きになった。そのとき、ありがたいことに、「週刊東洋経済」や「週刊朝日」そして「東京新聞」などが書く場所を提供してくれた。支援してくれた人々は皆「フリーランス」で暮らすことの困難さを理解してくれたのだった。

全逓本部に勤務していた頃、今日でいうところの「広報」担当になって、当時の労働省（現在の「厚生労働省」）の記者クラブに日常的に出入りすることになり、そのときに知り合った人々が、立教大学に在学中も卒業後も、たくさん支援してくれ、たとえば朝日新聞の小田隆裕氏の手によって「朝日新聞」の紙面を提供してもらったのは幸運だったというほかない（「経済気象台」）。

本の良し悪しの基準

さらなる幸運は、小田さんが紹介してくれた「週刊朝日」の編集部が、筆者に提供してくれた誌面が書評欄だったことだ。

前述のように、その結果出会った本が、藤本隆宏先生の『能力構築競争』だった。この本から衝撃を受けたのを今でもよく覚えている。

市場と競争ということに興味がある人はすべて読むべき本だと思った。トヨタを中心とした自動車産業の世界を徹底して描き、日本経済の進路をしっかりと伝えた素晴らしい本だった。もちろん20年以上の時間を経過した今でも内容は色あせることがない。

本の良し悪しの基準のひとつは、本の持つ生命力にあると思っている。いわゆる古典の多くが素晴らしいのはいうまでもないが、数十年という時間幅を生きる本はなかなかないものだ。藤本先生の本との出会いは確実に筆者の人生の方向を変えた（なお『能力構築競争』は2023年に絶版となり、新たな補足を加え、近々新版が出るとのことである）。

また福井県立大学の教授職のときに藤本先生と共著『グローバル化と日本のものづくり』（放送大学出版部、2011年3月）を上梓できたことは幸運だった。

もうひとつ大きな読書経験は、小池和男氏の『仕事の経済学（第三版）』（東洋経済新報社、2005年）だった。小池先生の経済学は、主に工場のいわゆるブルーカラーを対象としていたが、その仕事は従来の「単純労働」という捉え方を一変させるものだった。小池先生は藤本先生と同じように、長期に渡ってトヨタ自動車の現場を調査し、「知的熟練」という概念を導き出し、それを定着させた。たとえばラインの仕事を長期に観察していると、そこにはたくさんの動きが見え、単純な繰り返し作業ではなく、知的な作業を必要とする工程があった。小池先生はその取り組みを「知的熟練」と言った。

後年になって筆者もトヨタ自動車の工場を1年ほど調査し、またトヨタが海外進出をスタートさせたばかりの米国・ケンタッキー州の工場などの聞き取り調査をした(『トヨタを知るということ』講談社、2000年4月。赤池学との共著)。

しかし工場の海外進出を真っ先に描くことはできたが、物事を普遍的な、いわゆる概念化させるほどの力はついには身につかなかった。

ただ、トヨタの自動車生産は、トヨタ全体の中でも、数人と言われた「主査(チーフエンジニア)」と称される人がいて、設計の基本は「主査」が行なっていた。そうした事実を知ったという意味では、現場の調査というものが大切であることを身につけることが可能となったのである。

大学教師のスタート

立教大学を卒業したあと、岩波新書の『中小企業新時代』(1998年9月)など何冊かの本を出版することにより、それを業績として2000年から姫路工業大学（現在の兵庫県立大学）の教授職に就くことになった。もちろん前述のように初岡先生と兵藤先生の推薦なしには教授職に就けなかったと思う。

大学を卒業してすぐ教授職についたのはその頃でも珍しかったが、今では大学の教職への就任はとくにアメリカ、イギリス出身の「博士」が溢れていて大きな競争力を必要とされている。

その後2008年に、福井県立大学のビジネススクールに招かれたが、そのとき、たまたま依頼されたのが上述の『グローバル化と日本のものづくり』だった。〝得たり賢し〟といった気分でひったくるように引き受けた。結果は大成功だった。ちょうど放送大学の客員教授を依頼されたが、放送大学の受講生の何倍もの読者が読んでくれた。放送大学のテキストは、都市部の大きな書店では一般書と一緒に販売されていたので、日本の工場が外国進出を始めたときと一致していた頃でもあり、放送大学で学ぶ人たち以外の読者がたくさん読んでくれたらしく版を重ねた。

もちろん福井県立大学のビジネススクール（大学では修士課程だった）でも、この本は新入生（といってもほとんどが社会人だった）が入るたびに、ピーター・ドラッカーの一連の本などとともに、何年も読んだ。その後も、藤本先生と藤本先生に紹介された新宅純二郎先生などと一緒に『ものづくりの反撃』（ちくま新書、2016年1月）など、何冊かの共著を書いたが、これも、何度目かの人生の転機であった。

大学の現実に愕然

ここで話が少し横道に逸れるが、地方の私立大学の中には教師が勉強しないという印象を持つ大学がある。まず本を書かないどころか論文すら書かない。

「教授」「准教授」「専任講師」の身分保障があれば、基本的には年功序列なので、あとは学内のエスカレーターに乗っていれば安閑としていられるのである。

それゆえ、彼らは、新しい教授会メンバーを迎えるとき、自分たちよりすぐれた人間を採用したがらない。

自分が新人に超えられると困るからだ。新人は学内行政（雑務）を熱心にやってくれれば十分なのだ。

また、団塊の世代の子どもたちが年をとり、1990年台の一時期には200万人を超えていた新成人の若者は、2000年を超えた頃には150万人くらいしかいなくなったので、主に地方の私立大学（とくに女子大学）が立ち行かなくなるのは当然の帰結といえよう。

しかしながら、この頃筆者は福井県立大学の地域経済研究所の所長に就任し、主に地域社会と働く人たちの現場の調査に携わっており、大学の危機や各種の問題については関心を持っていなかった。

「紙の情報」の意味と他者の好意

このような経過を経て、筆者は、あちこちの新聞や雑誌への寄稿が可能になった。

近年になって、「週刊朝日」が2023年5月をもって発刊を休止したように「紙の情報」が、ネットに切り替わった側面があるが、紙の情報の意義は十分に残っていると思っている。

新聞も週刊誌も発行部数や広告収入が徐々に減少しているのは事実である。しかし、いうまでもなく「紙」の情報の方が確かなのは、情報の背景がしっかりしているからだ。ネットの情報は匿名性が多く、信用に値しない情報が多すぎる。

筆者は前にも書いたように20年間ほど「朝日新聞」の「経済気象台」というコラム欄にも寄稿したが、文章の末尾は「紙つぶて」「遠雷」という匿名性があった。しかし記事の事実・真実性は「朝日新聞」によって担保されていた。

大学を出た頃は、書く場所の確保も難しかったが、筆者の場合は幸運に恵まれて、上述の岩波新書や筑摩書房からの単著（例えば『就活のまえに』など）を出版するチャンスがいつもあった。

ただ、繰り返しになるが、藤本先生や小池和男先生からの学びがなくては自分の人生は転換しなかったと思っている。

そして、当然のことながら書く場所を提供してくれたいくつもの雑誌や、前述の小田隆裕さんのような新聞記者の好意があってこそである。

つまり、人は、他者の好意によってこそ生きていけるのだ。それは友人・仲間の大切さということであり、何よりも人間の日常的なネットワークづくりの必要性がそこにある。

第3章

書評について

時代の変化と書評

楽しそうな本と出会ったら、その本を読み、それを「評する」ということ自体が仕事になるという幸運な日々を迎えたのは1992年のことだった。すでに述べたように最初は「週刊エコノミスト」の「筆刀直評」欄だった。佐高信氏と隔週交代で執筆した。その後に依頼された「週刊朝日」の場合も、「この本はどうでしょう」と推薦されることもなく、「ご自由に選んでください」ということだったが、事後的に編集部の説明では、私が評者に選ばれた背景のひとつに、執筆者の大幅な交代劇の理由があった。

それまでの「週刊朝日」における中心的な批評者だった、伊東光晴氏や丸谷才一氏たちを書評欄から外す必要性があったようだった（当時の「週刊朝日」の編集者からの説明があった）。1980年代の後半、つまりバブル経済の真っ盛りの頃の「週刊朝日」は司馬遼太郎氏の「街道をゆく」のシリーズをはじめとし、良い著者が揃い、40万部、

50万部と毎週売れ、朝日新聞社のドル箱だった。それが92年、93年と日本経済が、急速に縮小をはじめ、選者たちが、築地の料亭に毎月集まって、料理を食べながら本を選ぶといった贅沢は許されない時代となっていた、つまり大所高所から選本し、それを論じる時代は明らかに終わっていた。

確かにそれまでの書評欄は、有名人が、大所高所から本を批評するという目線が多かった。それには理由があった。様々な雑誌が主催する毎年恒例の「○○賞」の選者たちが、書籍を論ずるという背景があった。たとえば「エコノミスト賞」なら伊東光晴が選考委員長だった。つまり権威があったのだ。無論、伊東光晴は名著『ケインズ』（岩波新書、1962年）を発刊していた。確かにケインズ論としては今日なお最高峰であると思う。ケインズを論ずるのにこの作品を無視することはできない。ただし、この人は他にもたくさんの時論を書いているが、数ヵ月といった時間幅で説得力を失っている。もちろん一作でも名著があればそれで十分だ。

では、丸谷才一はどうだろう。この人の場合『裏声で歌へ君が代』などたくさんの小説群があるが、良い作品として、膨大なイギリス文学が背景となっているアラン・

シリトーの訳書『長距離走者の孤独』（新潮社、1973年）という名作を上梓している。この作品はイギリスという国の「階級」という格差をとても見事に描き出している。たくさんのイギリス論の中でいまだにそびえ立っていると私は思う。伊東・丸谷の両氏を中心に、彼らは「毎日新聞」の書評欄に集団移動し、1冊の本の紹介が長い紙面が定着した。

自己啓発本と神谷美恵子などとの違いについて

筆者が「週刊朝日」や「エコノミスト」で書き始めると、あちこちの企業のPR雑誌から「書評」あるいは「書評を兼ねたエッセイ」などの依頼が相次ぐようになった。JR東日本の車内PR誌に寄稿を頼まれたとき、ちょうど本屋さんの店頭で手にした、神谷美恵子が訳したマルクス・アウレーリウスの『自省録』（岩波書店、2007年）を紹介した。

古代ローマ帝国の皇帝・マルクス・アウレーリウス（121年から180年）は「生

きているうちに、許されている間に、善き人たれ」と語ったが、神谷の名訳もあってとても広く読まれた。また神谷の『生きがいについて』（みすず書房、1966年）も広く読まれた。神谷は精神科医としてハンセン氏病の患者を見守り続けたが、戦後最初の文部大臣に任命された父・前田多門は無教会キリスト者の内村鑑三の弟子だった。進駐軍による戦後の教育方針が連日文部省に英文で大量に届けられ、神谷はその英語を日本語に訳し、戦後教育になくてはならぬ制度を確立したといってよい。またそうした活躍の一方で皇室の現在の上皇后美智子様の終生の心の友でもあったことは広く知られている。

筆者は前述のように45歳で大学に入学したが、このときに神谷美恵子の本と出会ったことは終生の幸運だったと思う。その後、兵庫県立大学（旧姫路工業大学）、福井県立大学などで教えたが、ゼミでは、いつも福沢諭吉の『福翁自伝』と神谷美恵子の訳書『自省録』、そして吉村昭の『ポーツマスの旗』（新潮社、1983年）などを読ませた。

大学における専門科目はもちろん大事だが、いつでも大切なのはリベラルアーツである。新しく物事を考えることができるためには、基盤にリベラルアーツが必要である。

知の広がりは基礎知識が支えとなる

知の広がりは、基礎知識が支えとしてあってこそ知識の広がりを持つ。筆者にとっても、毎年新たなゼミ生を迎え、同じ本を読みながら、いつも新鮮な気分があり、繰り返しの読み直しで、行間がマーカーで真っ赤になってゆく日々が続いた。またリベラルアーツはどこまで読むべきか、という問いは立てられない。いわばどこまでも……なのである。それゆえ筆者の場合は、自己啓発本を読む時間はない。また自己啓発本は、新聞の広告や書店の店先で、書名を見ただけで中身がわかるものだ。

たとえば『お金が貯まる人は、なぜ部屋がきれいなのか』（黒田尚子、日本経済新聞出版）という本があるが、広告には章ごとの紹介まである。それによると、「お酒はコンビニで買えばお金が貯まる。家計簿は4月にスタートしないほうがよい。黒いパンツが3枚あれば、危険なクローゼット。貯まる人の財布にはカードが2枚入っている。

退職金を投資にあてると大きな失敗を招きやすい。長期休暇の予定が直前に決まる家は貯まりにくい。」といった内容である。まあ筆者にとっては必要のない知識であり、時間のほうが大切なのだが、このようなことを知りたいと考える人もいるだろうか。というより何より、まず自分自身で書く前にそれを実行すればよいと思うのだが。

もう1冊、似たような本の広告を紹介したい。安田正氏の『できる人は必ず知っている一流の自分の魅せ方』（三笠書房）という本がある。この著者の場合は前著に『できる人は必ず持っている一流の気くばり力』（三笠書房）がある。どうやらこの人は「一流」という言葉が好きらしく、「一流の大特売」である。筆者が自己啓発本を読まないのはこうした、いかがわしさがあるからだ。

しかし「美味しい家庭料理」とか「簡単なおつまみの作り方」といった実用書は必要不可欠だ。それは自己啓発本とはまったく異なる。

楽しみで読む本の事例

もっとも、リベラルアーツに関する本だけを読むというのは不可能である。

もっと気楽な、それこそビールを飲みながら読む本もあり、それはまた別の読書の楽しみであった。たとえば隆慶一郎の徳川時代の初期に初めて公認された遊郭を描いた『吉原御免状』(1986年)などを代表とする江戸時代や、それ以前の豊臣秀吉の時代の『一夢庵風流記』(1989年)などの物語など、素晴らしいものがあった。隆慶一郎の人物描写というか、主人公の創出力が優れていたからである。また、昔あった朝鮮の伽耶の国に存在した「伽耶琴」(カヤグム)は、日本名で、「新羅琴といい、正倉院に三面ある」と指摘している。こうした細部の事実関係の描写が主人公の存在感をくっきりとさせているのである。

あるいは高杉良の『金融腐蝕列島』(角川書店、1997年)など時代と同伴した長編小説は、教科書では書けない、生《なま》の人間が登場することにより、現実の日本経済の歩みを私も一緒に歩んでいるような気分があった。高杉良もそうだが、隆慶一郎も時代背景の理解が徹底しており、関係資料をよく読み込んでおり、そこにリアリティのよって来たる根拠があった。人間の持つ「真実」に接近するためには、フィクションという方法が有効であることが、こうした事例によって証明されている。

たとえば、新城道彦の最新作である『朝鮮半島の歴史』（新潮選書、2023年6月）は、豊臣秀吉が日本を統一したあと、朝鮮半島から中国にまで領土を広げようとした「野心」を持った事実を描いているが、隆慶一郎は『一夢庵風流記』で、新城道彦と同一の認識を示している。朝鮮侵略の「先鋒」は小西行長と宗義智が担った事実を描いている。

書評の対象は古典ではなく、新刊書

このような本を読んでいるのは楽しいのだが、書評というのは、対象となる本は古典ではない。基本は新刊書である。

今、どんな本が出版されていて、どの本が、どのような理由で、注目に値するのかを紹介するのが、書評の基本である。もちろん、新城道彦の本は、書評の対象となる本である。

そこで、具体的に書籍をどのように紹介してきたのかを以下で明らかにしたい。最初に断っておくが、筆者の書評の基本は、「本を輝かすために本を批評をせよ。自分を輝かすために本を論ずるな」という姿勢を基本とした。

たとえば、2022年の4月に「週刊東洋経済」で、読書特集があったが、ちょうどウクライナへのロシアの侵略が始まったときで、当然、関連本の紹介があった。そのとき、早稲田大学の中林美恵子教授の推薦本が3冊並んでいたが、驚いたのはその中に、ジョージ・ケナンの『アメリカ外交50年』（岩波書店）と並べて、自分の本『沈みゆくアメリカ覇権』（小学館新書）を挙げていたことである。よりによって世界的な名著として普遍的に知られている『アメリカ外交50年』を自分の本と並べるという、私に言わせれば暴挙ともいうべき事態を引き起こした。もっとも本人の心臓の強さは、それを暴挙と思っていないということなのだろうが、誰が見ても異様な紹介である。

要するに「自分を輝かすため」の本の紹介の典型である。

繰り返しになるが、私が、最も長期に、多数の本を書評したのは「日本経済新聞」である。3週に1回の頻度でスタートは2004年4月からだった。連載を終了したのは2021年の12月なので実に17年間の連載となった。日経で取り上げた本は1回で3冊。それぞれの本に、楽しい本、読みやすさ、ビジネスパーソンにとって読むに値する本などを私の主観で選んだ。時には不得手な分野の本もあったが、自分の勉強という意味もあって、取り上げた3冊は様々な分野に及んだ。もうひとつの長期掲載は「週刊朝日」だった。といってもこちらは毎週という頻度ではなく、時々だった。

書評は、すべての新聞（地方紙の場合は共同通信や時事通信の記事）で配信されているが、共通しているのは、翻訳書を含めて、すべて新刊であることだ。

筆者の経験では、福井県や広島県の場合は、地元に滞在していたがゆえに、「共同も時事も」、ほとんどが掲載された。いわば「ご当地ソング」である。

書評の作法、選本について

筆者にとっては「書評の作法」というものはとくにない。

最初に述べたように、いつも書店（主に東京駅前の丸善）に通いながら、最初に、本のタイトル、次に目次、まえがき、あとがき、参考引用文献、などを読むことによって、本の大体の内容は理解できるので、その結果、書評の対象は自ずと決まってくる。最近出版された高坂正堯の『歴史としての二十世紀』（新潮選書、2023年11月）は、すでに本人は逝去されて、過去の講演を再編集したものだが、やはり第一級の本である。

本を読むときには、自分が大事な部分と思えるところにはマーカーで線をどんどん入れる。それだけではなく、その頁を折っておく。そのようにしておくと、あとの読み返しが楽なのである。

書評の選本で大切なことは、まず新聞や雑誌の編集部が、どのような本を依頼するかである。次に、依頼された側が、承諾するかどうかが問われるのだが、書評したくない本は、当然、断ればよい。しかし、読んでもいない本を断るのはルール違反ともいえる。無論、定期的に書評している人間はそんなことはしない。もっとも書評それ自体を引き受けない人もいる。それはその人の流儀なのである。

とくに自分が専門としている研究領域以外のテーマには関わらない人もいるのである。そのようなミスマッチともいえる場合は、依頼した側が別の人間を選べばそれでよいのである。筆者も、自分の研究以外に関わらない研究者を何人も知っている。本書の中に登場した人物にもそのような人はいる。

しかしその人たちは、自分の立場を守っているのであって、それゆえ他人の領域を侵すことがない。

もっとも、書評するのに資格は不要である。まず、新聞や雑誌の編集部からの「依頼本」が最初にある。それを断ると「あの著者は断る人だ」と思われるかもしれない。また、書評自体が得意でない人や、他に「勉強」したいテーマがあり、書評など手がけている「時間」がない人もいる。実際筆者の周辺には、他人の本を批評するのが苦手という人もいる。

しかし自分の本についての書評を迷惑と思っている著者は見当たらない。中には、悪口も平気で書く書評者もいる。ただし筆者の場合は否定的な評価をして、編集部に「抗議」があったという事例はない。

いわば、図星だったのだろう。それゆえ、反論もなく、沈黙する以外に自分の態度を決めることができなかったのだ。もともと、どのようなメディアも、反論・異論を認めないということはない。言論・表現の自由とはそういうことだ。

第4章

本と教養

本とは「言葉」

グローバル化が進む現代では、ヒト、モノ、カネ、そして何よりも「言葉」が、世界と関わっている。

日本の場合は、第二次世界大戦が終わり、とくに1950年代以降の高度成長が始まって以来、初期はフルブライトによる留学制度により、有能な人間が続々とアメリカに渡った。次に企業で働く人々が、仕事として積極的にそれに続いた。

そして今では、アメリカで暮らし、アメリカで学び、教えるという立場に立つ人々が増えつつある。無論、日本国内でも1年、2年と長期に留学させることを前提に、英語やフランス語により授業を行う大学が一般化しつつある。

それどころか、高校を卒業するとそのまま、アメリカやイギリスの大学に入学するという事例も珍しくなくなった。

それらは、1853年の黒船来航や、それ以前のオランダからシーボルトが来航して以来の多大の変化のひとつである。しかし変化は突然やってきたわけではない。その間の100年を超える世界との関係の日々は多くの「言葉」によって媒介されている。「本」でいうなら『解体新書』の翻訳（1774年・安永3年）をはじめとして、人々の血のにじむような苦労によって支えられてきた。

そして次に日本を外国に伝える作業が始まったのは明治時代になってからだった。それは日本を世界に知ってもらうための作業でもあった。その作業は主に英語で行われた。

代表的な英語による本と知られざる本

明治時代に英語で書かれた本の代表作は言うまでもなく、岡倉天心の『茶の本』（1906年）、新渡戸稲造の『武士道』（1899年）、内村鑑三の『余は如何にして基督信徒となりし乎』（1895年）の3冊である。

この3冊は、当時のアメリカ大統領をはじめとして多くの人に読まれ、フランス語をはじめとして各国語に翻訳され、それによって、世界に「日本」という国を紹介することになった。当時はまだ日本人はどの国でも「異邦人」と見られていたが、これらの本によって、日本も普通の国であることが知られた。

また新渡戸稲造は本書を上梓したあと、当時の国際連盟の事務次長を務めた。

これらの3冊はあまりにも有名であり、今さら筆者が述べるまでもないので、ここでは、もう1冊、大正時代に書かれ、世界的ベストセラーになった杉本鉞子《えつこ》『武士の娘』（1925年、アメリカの出版社から上梓）を紹介したい（なお日本語に訳したのは津田英学塾で学んだ大岩美代である。出版社は筑摩書房）。

この本は明治ではなく大正時代に書かれたものだが、杉本鉞子は明治6年の生まれである。この本もまた英語によって書かれた日本とアメリカで数奇な日々を送った人物の自伝である。

著者杉本鉞子について

杉本鉞子は越後・長岡藩の家老の家（稲垣家）に生まれた。母親は13歳で長岡藩に嫁に来たとのこと。

本書によれば、「母は僅か十三歳という年齢で花嫁の駕籠に乗り、槍持を先頭に新しい家に入ったのでした。父は藩の家老の一人でしたので、屋敷もずいぶん広く、母は嫁いでから一度も足を踏み入れない部屋もあった程でした。何しろ明治維新の風雲をはらんでいる頃でしたから、父は職務がら、たびたび江戸へ出向きましたので、母は余り父に会うこともなく、姑御に仕えたり押絵細工に耽ったり女中達を相手に雛遊びなどして過していました。花嫁とはいえ、まだほんの子供に過ぎませんでした」。

杉本鉞子はこうした家で生まれ育った。むろん越後・長岡藩は、最後まで江戸幕府の側に就き、官軍との闘いで破れ去った側である。そのことへの叙述も本書の一部にあるのだがストーリーの本筋ではないのでこれ以上は触れない。

その後、著者は花嫁修行の一環として、東京の英語を（で）教える女学校に通い、渡米し稲垣から杉本へと姓が変わった。

ただこの本には年譜も脚注もないので、何歳で「杉本」になったのかは書かれていない。

ともあれ若くして渡米し、しかし残念ながら、貿易商を営んでいたご主人が盲腸で逝去し、ニューヨークに住むために、つまり暮らしのためにアメリカで発行されていた雑誌「アジア」に前述のように「武士の娘」が連載され、それが1冊の本として編まれた。

この英文の本も、ドイツ語、フランス語、デンマーク語など7ヵ国語に翻訳され、世界的なベストセラーになり、本書を出版後、著者はコロンビア大学で、日本文化史の講義を担当し、1927年に日本に帰国し、1950年に没した。

「暮らしのため」本を書くということ

ここで注目すべきことは、杉本鉞子は「暮らしのため」の仕事として本を書いたということである。それは何よりも大切なことだ。

人間にとって「暮らす」ということは生きることそのものであり、すべての出発点はそこにある。それゆえ杉本は原稿を書き、寄稿した。研究者（学者）が研究するのは当たり前のことである。なぜならそれこそ仕事だからである。ただ、多くの大学の「研究者」は、研究活動もしないし、勉強もしない。もちろん杉本鉞子は日本に帰国する前には、大学で講義はしたが、それ自体は目的ではなかった。繰り返しになるが、あくまでも子供を養育し、暮らしのために英語で本を書いたのである。

岡倉天心、新渡戸稲造、内村鑑三の3人は、いわば日本を代表する使命感があった。しかし、「書く」ということに関しては、上記の3人と杉本との間に、軽重はない。

なお、上述の『武士の娘』を日本語に翻訳した大岩美代は津田英学塾で学んだが、教えた側である津田梅子自身も岩倉使節団の一員として7歳という年齢でアメリカにわたった。しかも、再度アメリカに留学し、現地で天才と言われ、大学院に残るように説得されたが、「日本女性の自立の必要性」という自分の使命感から帰国した。もちろん津田は当然「英語」で読み書きをしていたが、残念ながら筆者の手元に津田自身の本はない（なお、この津田梅子のエピソードは、「文藝春秋」2023年8月号の大栗博司氏の論文に依拠している）。

被引用率のこと

こうした本を読んでいると、活字文化というものは滅びないと思う。もちろんAIやインターネットを含め各種の補助手段は重要であり、それが不必要だと言っているわけではない。ただ最終的には自分で書いた「文字」に頼る以外にない。現在では、日本人が主に日本語で論文や本を書いてもあまり意味をなさないので、研究者を中心として、主に英語で論文を書くが、その結果、その論文や本がどれだけ読まれているかということは、その本や論文が、どれだけ海外で「引用されているか」（被引用率）が問われることとなる。

それがインターネットの意味である。

自分の研究がどれだけ普遍性を持っているかが検証されるという側面があるからだ。それは学問・研究ではとても大切なことである。

ただ残念なことだが、日本人の書いた本が、世界の各国でベストセラーとなり、読まれるという事例は、今日では村上春樹の作品くらいだろうか。

経済学も文学も、日本には出版がビジネスとして成り立つだけの市場（読者）はあるのだか、諸外国ではそれがないということよりも、日本で書かれたものが、それぞれに専門性はあっても、大衆的な普遍性がないということなのだろう。

とはいえ、そのような事態を嘆いていてもさしたる意味はない。大切なのは近年の日本人の読書傾向である。

何をどう読むか、「人間の顔とは何か」

小泉信三は名著『読書論』（岩波新書、1950年10月）の中で次のように述べている。「せめて一つだけはぜひ外国語をものにしておきたい」その1ヵ国は「今日の世界の現状では、やはり英語が第一で、独仏がこれに次ぐ」と指摘している。

外国語、とくに英語を理解せよ、という小泉信三の指摘は重要だと思うが、残念ながら私（筆者）は、英語の理解は不十分にすぎる。

ただ、小泉の次のような指摘にはホッとする。

「ただ偏えに書中の記載を信じて、自分の目で見たものは重んぜず、本に書いてあることのみを信用して、だんだん自分の目で物を見ることが億劫《おっくう》になり、知識をただ書籍にのみ求め、或いは自分で考えずに、著者に代って考えて貰うことの易きに就く習性が、とにかく養われ勝ちであることこれである」

筆者も経営学の隅っこで研究していたので、この指摘はよくわかるのである。工場の現場・ビジネスの現場を見ることなく、経営は語れない。すでに述べたように、藤本隆弘、小池和男、猪木武徳などは皆、働く人たちの現場を国の内外で丁寧に見ている。

また小泉信三は、以上のような指摘と関連して、アメリカの第16代大統領エイブラハム・リンカーンが語った有名な言葉を紹介している。それは「四十歳以上の人間は自分の顔に責任がある」という言葉だ。

この言葉に関して、小泉は、「一芸一能の士、或いは何かの事業を成し遂げた人の容貌には、何か凡庸でない気品と風格がおのずからにして備わるものであることは、多数の例証の吾々に示すところである。読書家もまた然り。本を読んで物を考えた人と、全く読書しないものとは、明かに顔がちがう。或る人は、読書家が精神を集注して細字を視ることが、その目に特殊の光りを生ぜしめ、これが読書家の顔を造ると言ったが、或いはそうかも知れない」と述べている。

この指摘はとても重要だと思う。また筆者も、本を読む人と読まない人間は、明らかに発想が異なっていると思う。とくにリベラルアーツの厚みは大切であると思う。

いうまでもないことだがリベラルアーツとは、必ずしも答えがないことでも、自由に物事を考えたり発想したりすることである。

「顔」に関していえば、各種の仕事に従事している人間もそれぞれの「顔」を持っている。たとえば工場で働いている人は、それぞれの技術（誇り）を持つことによって自分の「顔」を持っている。それは工場内だけではなく、いつも考えているからである。

池田潔と小泉信三のこと

英文で書かれた本ではないが、小泉信三の弟子である池田潔が『自由と規律』（岩波新書、１９４９年）の中で〝ノブレス・オブリージ〟という言葉を紹介している。この、「特権を持っている人間には相応の義務が伴う」という意味を広く日本人に知らせたのはこの本だった。

たとえば、戦場で先頭に立って死んでいったのは、ケンブリッジやオックスフォードなど名門校の卒業生だったという。無論、この言葉は、いまだに社会に「階級」というものが存在しているという前提があり、第二次世界大戦後の日本社会とは別の風土といってよい。

とはいえ、日本の場合、神風特攻隊の一員となり「無益な死」を選ばされた若者たちの事例を見ると、無益な死を命令した上官たちの多くは戦後を生きながらえており、自慢になる話ではない。神風特攻隊に「志願」した優れた若者たちは、整列して上官たちから「志願する者は一歩前に」と命令されており、それは強制といってよい。

なお池田潔はケンブリッジ大学を卒業しているが、この本は大学に進級する前のパブリック・スクール時代の思い出を記録したものである。

書評の真髄

なお、小泉信三の『読書論』に関しては、以上の紹介ではあまりにも足りない。とくに小泉は書評について次のように述べている。

「書評雑誌として私のなが年購読したのは、ロンドン・タイムスの週刊文芸附録（リテラリー・サップレメント）であった。無論戦前のことで現在の状況は知らないが、開戦までは殆ど続けて読み、それを読んで註文した洋書では、一度も選択を悔いたことがない。戦争前丸善は毎年暮近くなると、翌年購読する外国雑誌の予約はないかと、申込書の書式を添えて註文をききに来るのが例であった」

「タイムスの文芸附録だけは、在外中から帰朝後にわたって約三十年少しの中断もなく見続けたから、私はこの書評誌のためには随分節操ある読者だったわけである。

それはとにかく、このリテラリー・サップレメントが、よく書評誌の責任と権威とを思い、その評論を商業主義の流弊から護るために充分に心を配り、例えば、掲載に値しない書籍の広告は受け付けないと公言したごときはさすがというべきである」

筆者はこの小泉の指摘の前で粛然とした気分でいる。本の広告を掲載するメディアの事情については批評する立場にないが、書評を読んですべて肯定できたことが、奇跡ともいうべきなのだ。これは書評者の持つ読書能力が問われているということだ。

書評を掲載している日本の各紙が、そのことをどれだけ意識しているのだろう。

それぞれの、評者の能力が異なるのはやむを得ないが、問われるのは平均値である。筆者はその「平均値」を語る能力もないが、1人の読者として、さまざまなメディアの書評欄に接しているが、小泉のいう「リテラリー・サップレメント」の記述に関しては各紙の評者はいつも配慮せねばなるまい。

現在、すべての新聞と、多くの雑誌が書評欄を設けているが、どのように読んでも「読みたい」という気分になれない書評が多いのである。それは本の良いところを紹介するのではなく、評者の知識を披瀝する場所となっている場合があるからだ。

前例で紹介したが、世界的名著として揺るぎない定評のある『アメリカ外交50年』と自著を並べるなどという暴挙は論外である。

繰り返し指摘するが、「本を輝かすために本を語れ」というのが書評の基本にならなければならない。

トランプ大統領の登場の意味

なお以上との関連で、この章の最後にもうひとつ翻訳書を紹介したい。それは『ジェインズヴィルの悲劇』（創元社、2019年6月）である。この本は、もともとアメリカは白人が支配した国であったことを強烈に思い出させた本だといってよい。

この本は、アメリカでトランプ大統領が選出される前に書かれたものだが、アメリカの、ありふれた労働者の平和な日常が襲われた悲劇を描いた作品である（著者はエイミー・ゴールドスタイン、翻訳は松田和也）。

「悲劇」に襲われたのは、人口6万人を少し超えるウィスコンシン州のジェインズヴィルという街だった。この街は1888年に万年筆のトップメーカー・パーカーが設立され、1919年にアメリカを代表するゼネラルモーターズ（GM）も工場を設立した。しかし、そのGMが倒産することによって企業城下町もまた同時に崩壊した。

ジェインズヴィルの人々には信じられないことが起こったのである。GMは390億ドルの赤字を発表した。

その「悲劇」が起こったわずか5ヵ月前、ホワイトハウスへの夢（大統領への夢）を持つイリノイ州選出の上院議員バラク・オバマがこの街に演説にやってきた。彼はこう主張した。

「繁栄とは、これまでも常に、容易《たやす》くやって来るものではありませんでした」「困難な時期を乗り越え、見事な、偉大な挑戦と偉大な変革を通じて、ジェインズヴィルの約束はアメリカの約束となったのです——われわれの繁栄こそ、全ての船を乗せる潮流となることができ、またそうでなくてはならないと。われわれは浮かぶも沈むも同じ一つの国であると。この国の中産階級が成長し、機会が可能な限り広く広まった時、われわれの経済は最強となるのだと」。

そしてオバマは「夢を訴え、繁栄を再建する」というアジェンダを掲げた。「私は信じています。もしも政府の役割があなたがたを支え、この再編と改革に必要な支援を与えることであるならば、このプラントはここで、さらに一〇〇年にわたって稼働するだろうと」。

このオバマの演説は労働者たちの拍手喝采でかき消されるほど盛り上がった。

しかし現実は異なっていた。ジェインズヴィルのＧＭの工場はラインを止め、労働者たちは散り散りとなった。週末になると、片道7時間半もかかる遠くの工場に配置転換することになったりした。家族と一緒に生活する日々を失ったのである。

そのような状況になった「普通の労働者」は必死に働いたが、自分の暮らしの状況を変えることはできなかった。

その後、大統領になったオバマは、ＧＭやクライスラーなど自動車産業に巨額の資金援助をしたが、２０１０年代の後半になるまでアメリカの自動車産業は復活できなかった。

オバマ大統領が退陣したあと、登場したのがトランプ大統領である。ジェインズヴィルの人々は、アメリカの労働者の平均的な人々と同じ、民主党の固定支持者だった。しかし彼らはもはや、積極的な民主党の支持者ではなくなった。白人を中心とした古くからのノンエリートとしての勤労者は、民主党を積極的に支持することをやめた。その結果、トランプが登場した。もちろんトランプ登場の理由はいくつもあるだろう。たとえば、アメリカの選挙区制度のことや、その選挙区の住民がどのような人々なのか。白人か黒人か。あるいは、アジア系か、メキシコ系か。あるいはそのときの「諸外国との関わり」といった無数のことも考える条件に入るだろう。

本書では何も指摘（苦情）していないが、1980年代の後半から、日本の自動車産業が続々と、アメリカに進出したことが上記の原因のひとつだった。もちろん、それ以前の1970年代からのトヨタを始めとして、日本からの洪水輸出は、アメリカの自動車産業を圧倒していた。その頃の日本は、とくに1980年代の後半からのいわゆるバブル景気に浮かれていた。もちろん、アメリカの自動車産業の衰退の最も大きな原因は経営の失敗だったが。

それから10年を経過し、アメリカの自動車産業は、リーン（無駄・贅肉のない）生産方式である日本の方法を取り入れ、また様々な工夫の結果、1990年代後半から復活した。それは日本経済の長期停滞が始まった時期と重なる。もともと内需はアメリカの方が圧倒的に大きい。

また日本の1990年をピークとしたバブルの崩壊から、坂道を転がるように落ち込んだ長期停滞には様々な要因があるが、決定打としては金融機関の経営失敗が一番大きい。いわゆるリーマンショックがそれだった。

2008年リーマンブラザーズの経営破綻により、日本もたちどころに影響を受け、日経平均株価は1万2214円から7000円へと下落した。

その原因のひとつは、旧大蔵省と各レベルの銀行との、いわゆる「ノーパンシャブシャブ」事件などに象徴される、国民不在の政策と経営が横行していたことがある。無論、原因は複合的だが、日本の金融当局の信用は地に堕ちていた。いうまでもないことだが、金融というのは「信用」が基本である。

大蔵省は解体され、財務省と金融庁が成立した。つまり大蔵省の「信用」が破綻したのである。このときの政治動乱についてはこれ以上、触れない。本書が論ずる対象ではないからである。

ただ、筆者にはせいぜい半年間のアメリカ体験しかないが、アメリカを支えていた、いわゆる白人が支えていた「中間層」が少数派に転落したのはこの頃からだった。つまり普通の白人の勤労者が職を失った。それはアメリカがイギリスから独立して以来のことだった。

筆者は「差別」に関して何事もいう立場ではない。しかし、もともとは、アメリカは「白人」と「黒人」の暮らす場所だった。もちろん、黒人は、奴隷として、主にアフリカからさらわれてきた人々である。

第5章

書評の事例

この章では筆者が「日本経済新聞」や「週刊東洋経済」で書いた近年の書評の中で、今日でも比較的、入手可能な本を再掲する。

２０２０年前後から、世の中では活字世界を中心に「新しい言葉」がたくさん生まれている。

例えば、ＤＸ、ＡＩ、ジョブ型雇用、など次々と新しい言葉が生まれ、近年では、ChatGPTなる用語もある。

だが、大切なのは人間がどのようなルール・制度を創り、それをどのように使いこなすか、ということである。コロナの流行は日常の暮らしに不自由をもたらしたとはいえ、現実世界の活字は、世の中にさしたる変化がないことが示されている。もともと「ルネサンス（新しい時代）」はそう簡単には始まらないのだ。現代にミケランジェロやレオナルド・ダ・ビンチがいるとは到底信じられない。

技術革新はいつでも進んでいて、その応用、変化は拡大するが、それによって人々の暮らしが大きく変化するということはない。ChatGPTが「急速な進化」をしているといっても、たとえば英語の学習のためのアプリが登場していると大々的に報道されているが、どれほど大きなコンピュータがあっても、すでに存在するデータの集積はできても、新しいデータを取り込むことはできない。ＡＩの進歩は限りないかもしれないが、それは切削や研磨のマシーンが発達したからといって、世の中が大きく変わることはないということと同じである。無論、ＣＡＤ（コンピュータによる設計支援）が次々と応用範囲を広げても同様である。

大切なのは日常生活や仕事上での関わりである。具体的にいうなら、ＡＩは人々の仕事のあり方すら変化させる可能性もあるが、製造業なら藤本隆宏氏のいう製品開発力とその工程改善能力である。また、流通・小売にしてもサービスの状況に対して、方法を変化させることがいつも必要だ。つまり新しい情報はどんどん個人や職場そして家庭で生まれている。

ということは、情報はいつも「不十分」になっているということと同義語なのだ。新しい情報は次から次へと、職場や家庭・個人の中で生まれている。そうした情報のひとつとして以下の本を紹介する。

ちなみに、「日経新聞（夕刊）」の場合は、9人の評者が、娯楽書、推理小説、歴史書など、それぞれ専門の関係者が集まっていたので、基本的には、お互いの「専門領域」には立ち入らない、という黙契ともいうべきルールがあった。それゆえ筆者の場合は、編集部との相談もあり、経済に特化することとなった。

しかし、各評者には、お互いの領域と重なる場合もあった。それはフライングといってもよい。以上のような前提で、以下の本を紹介する。

あらかじめ断っておくが、5年や10年の時間の経過に耐える十分な内容を持っている本のみを紹介する。無論、筆者が読まなかった本は無数にあるので、以下の本は、筆者の小さな見解の範囲の中での作品である。

『働く女子のキャリア格差』　国保祥子

ちくま新書

企業の組織能力向上に欠かせない視点が示されている。育休取得後に職場復帰をする（した）女性の働き方メーンだが、育休中に何をどう学ぶかを語る6章、7章がとくによい。

「出産後にパフォーマンスが上がる」理由がわかる。会社は、常に個人の能力をどう生かすかが問われるが、個人はスキル向上と同時に、広い視座・視野を持つことが肝要だ。

本書は残業がなくとも生産性が上がる事例をいくつも説明している。知恵の集め方、仲間が協力し合う方法、家事を適宜アウトソーシングする必要性など説得的である。

どんな職場もトラブルとエラーに満ちているが、本書はその解決にも示唆的だ。当然の5つ星。

〈日経夕刊、2018年1月〉

『技術屋の王国』　片山修

東洋経済新報社

企業経営に詳しい経済ジャーナリストによる、20年を超える現場取材をまとめた、技術を軸とした人間物語である。

テーマの中心はロボット（ASIMO）とジェット機の開発をめぐる話だが、時々の経済・景気など社会環境、企業それ自体の体力（資力）や人間関係、社風（文化）、連携する外国企業との齟齬《そご》など、ビジネスにつきまとう困難がさまざまな角度から語られている。

にもかかわらず、いや、それ故、エピローグは静かな感銘に包まれる。職場・仕事はいつも、誰が、どのように……という具体性によってかたちづくられるが、本書はホンダを舞台に「開発」の苦闘を通して、実に見事にそうした「現場風景」を伝えてくる。

〈日経夕刊、2017年9月21日〉

『第3の超景気』

嶋中雄二

日本経済新聞出版社

ビジネスパーソン必読の景気論。著者の多数の図表と過去のデータの積み上げによる景気予測は圧倒的だ。短期・中期・長期・超長期の景気循環のサイクルの重なりにより、「坂の上の雲」の時代（1904～16年）、「ALWAYS三丁目の夕日」の時代（51～68年）に比肩する超景気がやってくるという。

それは「第三の歴史的勃興期」ともいえる。ただし五輪後にいったん後退期がある、と著者は指摘する。

人口減、生産年齢人口の縮小、構造変化などさまざまな言説があるが、詳しくは本書を読んでほしい。著者は事実でもって丁寧に説明している。日本は大丈夫。私たちは前を向こう。健全な判断がここにある。

〈日経夕刊、2018年5月10日〉

『現場主義を貫いた富士ゼロックスの〝経営革新〟』

土屋元彦

日刊工業新聞社

競争力の源泉は、出来上がった商品ではなく、それを造り込むプロセスにある、と、既に1970代初期に気がついていた著者たちの卓見に驚嘆した。それは藤本隆宏が概念化した「深層の競争力」そのものである。

輸入販売店から、オリジナルな国産化に舵《かじ》を切り、商品開発力、品質管理に産学連携と現場の知恵を集約する仕組みづくりに成功した苦労の物語である本書は、IoTだAIだと囃《はや》し立てる風潮への頂門の一針でもある。

企業が組織としての能力を構築するには、地味な現場の改革が欠かせない。それは日本の国際開発競争力の基礎である。若干、読みにくいが、日本のものづくりの戦後史・現代史の最良の一冊である。

〈日経夕刊、2018年6月21日〉

『野中郁次郎 ナレッジ・フォーラム講義録』

野中郁次郎 編著

東洋経済新報社

「リベラルアーツとマネジメントは車の両輪」であることがよくわかる講義録だ。野中と竹内弘高による「ナレッジ・フォーラム」の優れた講師陣の講義と、履修者の報告書によって編まれている本書を通読・理解すれば、短期のビジネススクールに通ったくらいの知識が身につく、と評者は思った。

「経験を組織化し、意味づける」「もの語り」の大切さ。あるいは歴史の意味。ＡＩと文化との差異。安全保障とリーダー。そしてもちろん経済を読み解く知識……。第一人者による優れた講義を聞きながら、読者は自分の経験を「もの語り」としうるかどうかが問われる。次世代の、リーダーとしての知識を必要とするビジネスパーソン必読の一冊。

〈日経夕刊、２０１８年7月12日〉

『すごい物流戦略』 角井亮一

PHPビジネス新書

現代人の暮らしは物流の進化によって支えられていることがよく分かる本だ。日本国内のみならず、スペインのインディテックスやドイツのDHLなどを含め丹念に物流（機構）の現場をたずね、企業が競争力を生み出す仕組み、そのグローバルな発展状況、そして今後へ向けての戦略の設計など、新書という書籍形式をよく生かした著者の物流論は見事といってよい。

著者は利便性、リードタイム、手段の組み合わせ、コスト、の4つの条件を物流のキー概念として提起しているが、進化の余地はまだまだありそうだ。

BtoBにせよ、BtoCにせよ、自社の今後を考える上で、見逃せない一冊。

〈日経夕刊、2018年8月23日〉

『史上最大の「メガ景気」がやってくる』

武者陵司

KADOKAWA

景気の良い話題満載の一冊。武者陵司の景気予測はかねて「的中率」が高い。日経平均2万円超え。リーマン・ショックからのV字回復。円安基調。日本企業の業績回復。みなそのとおりである。

そして今度は日経平均4万円から10万円と予測。

BtoBを中心に部品や素材そして設備材の圧倒的な強さをはじめとして、日本のオンリーワン・メーカーは世界で歓迎されている。

悲観論者は債務超過を声高に論じるが、巨額の資産超過には目をつぶる。

自分自身は市場経済を満喫している識者ほど、貧困や格差論が大好きだが、たまには武者陵司の声にも耳を傾けよう。

〈日経夕刊、2018年8月2日〉

『遊ぶ鉄工所』　山本昌作　ダイヤモンド社

この会社を知らずに中小企業を論じる人はモグリである。単品物を中心とした少量受注。加工方法の徹底したデータ化。多大な利益率。多様な取引先。多彩な採用と優れた従業員教育。

親の代からの辛すぎた町工場時代の工場労働を克服し、豊富なアイデアの湧き出る職場、従業員が活《い》き活きとはたらく職場への転換・脱皮には、無論、沢山《たくさん》の困難があった。詳しくは本書を読んでほしい。

著者（たち）がつくったヒルトップ以外にも無数の優れた中小企業があるが、〝会社の品質〟は資本金と従業員数という「規模」とは無関係であることがよくわかる本だ。5％でよいから楽しいこと、新しいことをやろう、という姿勢が素晴らしい。

〈日経夕刊、2018年9月13日〉

『世界史を変えた新素材』

佐藤健太郎

新潮社

素材（材料）とその加工方法の発見・開発の歴史は、そのまま私たち人類の歴史である。「金」から「シリコン」までの12の「素材」を中心に、人間の暮らしと時代が、どのように変化したかが、とてもよくわかる本だ。

それらはみな、偶然、必然、失敗、冷静な分析と結果、死を賭した取り組みなど無数の努力と、女神の微笑《ほほえ》みが織りなす、もの語りである。

政治も経済も軍事も文化も、素材（材料）とその加工方法の開発の上に築かれる。私達は携帯にせよクルマにせよ、あるいは芸術作品にせよ、出来上がった（完成品）ものにのみ目を奪われる。しかし完成品を生み出す構成要素とその組み合わせを知るのも楽しいものだ。

〈日経夕刊、2018年12月6日〉

『中国経済講義』 梶谷懐

中公新書

脆弱な財産権の保護、極めて不完全な「法の支配」、説明責任を持たない政府の経済への介入、各種統計のいかがわしさ。製鉄を代表とする国営ゾンビ企業……。その一方でファーウェイ、ZTEなどのイノベーション企業のめざましい発展……。

中国経済を語るとき、決まって指摘されるそれらの事実を、都市と農村との戸籍の差別や、政府（共産党）の土地の処分権の行使の意味などを関わらせながら、諄々《じゅんじゅん》と説く本書は、まさしく「講義」と名付けるにふさわしい。

新書という書籍形式で、中国理解をすすめる、本書の完成度は素晴らしい。書店には中国論が山積みされているが、イデオロギー（目的意識）抜きの冷静な本である。

〈日経夕刊、2018年10月4日〉

『海の歴史』

ジャック・アタリ　林昌宏 訳

プレジデント社

「船便のコストは空輸の一〇〇分の一、陸送の一〇分の一」で、結果「世界において輸送が生み出す価値」の「半分以上が海、三分の一が空、残りが陸」とのこと。海の利用は古来、人類の生死に関わって来た。いつの時代でも、戦争を含め、上手に海を制する者が世界を制してきたのだ。

その海が近年急速に汚染されてきたのはみな知っている。それが人類の危機であることも。しかし海はあまりに大きいので、ヒトは想像力が及ばない。世界の知性・ジャック・アタリが、地球史のはじまりから現代までを実に見事（簡潔）に描いた本書は、ワクワクする歴史書であり、文明史である。

海に漂うプラスチックの3分の2は中国産だ。

〈日経夕刊、2018年10月25日〉

『平成金融史』 西野智彦 中公新書

日本のバブルは、昭和の末期、1986年頃から始まり、90年にピークに達し、91年から長期にわたって崩壊の坂道を下り続けた。「いらない」と断るお客に「必ずもうかる」と押し貸しまでした銀行は、株価と不動産などの下落により、不良債権の山を築き、経営破綻、合併、再編と……過去の銀行名などもうほとんどの人が覚えていない結果をもたらした。

旧大蔵省と銀行・証券会社の信用の失墜は、金融秩序を破綻させ、その再生もまた失敗続きだったことを本書は丹念に記録している。

著者は「統治機構に寄せる国民の信頼」の大切さを指摘するが、確かに「法の支配」という秩序の基本は「信頼」である。

〈日経夕刊、2019年5月9日〉

『ファナックとインテルの戦略』

柴田友厚

光文社新書

ものづくりに関心のある人、必読の一冊。製造業のすべての基礎であり、ドイツと並んで、世界の先端に立つ日本の工作機械の強さの真因を、NC（数値制御）という「ソフト」の進化に焦点をあて、その歴史的な展開を簡潔に伝えている。

一般的に、モジュール化（標準化と共通化）は、ものづくりの陳腐化をもたらすと考えられているが、ソフト（NC）とハード（工作機械）の相互協力が、技術の集積のメカニズムを創り出した独特の産業世界を本書は丹念に記録している。

著者は今後の産業生態系を考えながら、最終完成品に対して、その補完財（特殊部品や素材）の重要性を指摘しているが、グローバル化する領域での、大事な視点だ。

〈日経夕刊、2019年4月11日〉

『アメリカ紀行』 千葉雅也 文藝春秋

「人の生活は、欲望は、ある狭さとの関係で成り立っている」と本書は記すが、まったくそうなのだ。仕事や日々の消費の場所や行動は、ある範囲の中にあり、特別にセンセーショナルなこともなく、淡々と過ぎる。むろん時には薄氷を踏む思いや、マレに勝利の歓喜、敗北の苦さを抱いたりもする。

自己啓発のブームは去り、哲学の時代、という風潮だ。その中心にいるのが著者。「アメリカ紀行」という40年前、50年前に流行ったベタな書名にかえって好感をもった。

評者にはよく理解できない語法もあるのだが、厚い知識を背景に、4カ月のボストン滞在で、周辺の人々の日常に触れながら、人間の関係性を読み直す冷静なエッセイ。

〈日経夕刊、2019年6月20日〉

光文社

『アマゾンの倉庫で絶望し、ウーバーの車で発狂した』

ジェームズ・ブラッドワース　濱野大道 訳

涙と一緒にご飯を食べた人間にはよくわかる辛い哀しみに溢れたルポルタージュ。自由な時間に働ける単発の仕事とは、貧しさ、明日を生きることの恐怖、仲間の不在、そして砂を嚙むような時間を過ごすことである。

アマゾンの注文品のピックアップ。訪問介護の絶望的な現場（離職率の高さ）。保険会社コールセンターの無味乾燥さ。そして自営業者としてのウーバーの運転手……。ここには人間の尊厳が見えない。

感情を殺さねばならない仕事。それが生きるための必須事項であることの辛さを深部から著者は伝えてくる。かつての落盤その他で死と隣り合わせた炭鉱労働などは、辛くとも喜怒哀楽を分かち合える労組があった。

〈日経夕刊、2019年5月30日〉

『試される民主主義（上・下）』

ヤン＝ヴェルナー・ミュラー　板橋拓己・田口晃 監訳

岩波書店

私たちの暮らしや仕事は、安定した秩序があって成り立つ。また秩序に公平なルールと、民主主義や自由があればなおよい。しかし、その意味と内容は多義的である。北朝鮮も「民主主義人民共和国」と名乗っている。

第1次大戦とロシア革命の後の〝平和な日々〟と、第2次大戦後の再建と冷戦の終わりを経験しつつ、ヨーロッパの20世紀の政治思想がたどった歩みは、「民主主義とは、制度化された不確実性」という定義にたどりつくようだ。

近年、世界の政治的リーダーたちの「言葉」は、ますます単純化している。しかし市場はその度に混迷を深める。気に入らないことを否定しても、都合の良いものが手に入るということはない。

〈日経夕刊、２０１９年８月22日〉

『サードドア』
アレックス・バナヤン　大田黒奉之 訳

東洋経済新報社

多くの人々の「物語」を書くことに成功した1992年生まれの若者（青）の「旅」のプロセス。本書を閉じた時、（老の）評者は深い感動と、「喪《うしな》った日々の他にもう喪うものはない」という言葉を思い出した。

旅をすること。多くの人と出会うこと。沢山《たくさん》の本を読むこと。そして知らないところに飛び込む勇気を持つこと、の大切さを改めて噛《か》み締めた。人生の扉は自分で開く以外にないのだ。

著者が出会った、レディー・ガガやビル・ゲイツといったビッグネームが大切ということではない。若さに支えられた著者の無謀さ、徒労感、失敗のプロセスこそが素晴らしい。

評者にいわせれば、平凡な人生などない。みなそれぞれの物語を持っている。

〈日経夕刊、2019年10月3日〉

『「中国」の形成』

岡本隆司

岩波新書

豊作の週である。面白さ。質の良さ。分かりやすさ、と三拍子が揃った本が三冊並んでいる。

『「中国」の形成』を読んでいると、「中国」という現在の版図は100年足らずの歴史であり、過去は多元性に満ちており「一体」ではなかったと分かる。例えば「中華民族」など存在しなかったのだ。

それゆえ「中華民族の偉大な復興」を掲げても、復興すべき歴史的な事実そのものが虚構なのである。

著者は、行く末の「夢」を語る前に、「来し方の史実」を踏まえることの大切さを述べる。

17世紀の初頭から現在までの、大陸の歴史の内実をコンパクトかつ骨太に叙述した傑作である。

〈日経夕刊、2020年9月3日〉

『人間にとって教養とはなにか』

橋爪大三郎

SB新書

「教養」は鍋、釜のように持ってくればすぐ役に立つことはないが、人生を楽しく、かつまた必要な意思決定をよりよくするのに、欠かせないものである。

書籍、新聞、雑誌がネットと違うのは「編集」という何人もの作業で濾過《ろか》された「責任」があるからだ。また、聞けばわかる情報の他に、自分で考える作業が人生には必要なのだ。

教養とは何か。よい本との出会い方、などもまた編集された本書のようなガイドが必要だ。少し実用的なことを考えても、ルーチン化された仕事以外に取り組むには、「教養」は大いなる手がかりとなろう。

評者もこんな本が書きたいと思っていた。残念。著者に乾杯。

〈日経夕刊、2021年3月11日〉

『明治の光　内村鑑三』

新保祐司

藤原書店

過日、立教大学総長の吉岡知哉教授の最終講義で「思想と教育は啓蒙を伴う」、また「自分が真理を手にした、と思う人々の集団は社会活動をする」という言葉と出会った。深く同感した。むろん「迷惑」としかいえない思想・集団と「活動」がほとんどであるが。

しかし、内村鑑三から始まった独特のキリスト教信徒の集団である日本の無教会は、内村から直接影響を受けた、矢内原忠雄、塚本虎二、黒崎幸吉といった人々の聖書研究会が散会したあとは、他者への啓蒙も社会活動の広がりもなく、徐々に衰退しているかのようにみえる。

だが、あらためて本書を読んで、目に見える「教会」（建造物）はないが、内村鑑三が、直接・間接に接した人々に与えた影響の広さと深さは、まぎれもなく現代日本の精神構造を形作っていると思わざるを得ない。それは日本のリベラリズムの核心をさえ形成している。

いちいち氏名を記さないが、内村による東京・柏木の聖書研究会のメンバーとその周辺の人々。また、いわゆる教育勅語と御真影に敬礼しなかった「不敬事件」による内村の不遇時代にかかわった人々など、本書に登場する人物の多彩さにほとんど目眩《めまい》すら覚えるほどだ。

書名「明治の光」とは徳富蘇峰の言葉であるが、著者は「内村鑑三の精神が放った強く広い磁力」は「近代日本の」「磁場」を形成していると思われる、と語っている。文学を含めてそのとおりであるとまさに同感する。

約3000人の固定読者に支えられた個人誌「聖書之研究」の売り上げと、各地での講演・集会での収入によって生きた内村は、たしかに著者の言う「近代日本の根源的批判者」であったが、同時に、内村なくして日本の民主主義はなかったと評者は思う。

詳しくは本書を読んで欲しい。本書に登場する人物の果たした役割の大きさは限りないものがある。

本書は、内村が「基督を商う者」の増加を望まなかったこと、宗教を学んだのはキリスト教外国人宣教師よりも日蓮、法然などであったことを、主著『代表的日本人』について触れながら書いていることを紹介している。あらためて確認してみると、『代表的日本人』は確かに日蓮で締めくくられている。

内村鑑三とその関係者及びその精神生活にもっとも遠い存在である評者ではあるが、本書に圧倒されている。

〈週刊東洋経済、2018年3月17日〉

『新　基礎情報学』

西垣通

ＮＴＴ出版

製造業の現場に自動機（ロボット）が導入されると、働く人の多くは、その利用方法（可能性と不可能性）を考える。もともとＡＩ（人工知能）は、それを考える人間の価値観と構想力（目的意識）によってもたらされるからだ。

本書はコンピュータ・システムの第一人者による「基礎情報学」だが、著者は絶対的な「知」など仮定せず、「知ろうとする主体」と「その視点」に注目する。「知の主体」には、計算できない領域があるからだ。それゆえ「人工知能は人間を超えるか」といった設問は無意味である。

ＡＩは「せいぜい、人間の知のごく一部を効率化する補助手段」との指摘に深い納得感。

〈日経夕刊、２０２１年７月29日〉

『プライバシーという権利』　宮下紘　岩波新書

かつての郵便、電信・電話の時代は「通信の秘密」が個人、法人のプライバシーを守っていた。しかしGAFAの影響が広がる現代の「情報」は、「秘密」を前提としない商品として利用される。また、そこには匿名や仮名で加工された「情報」も入り込む。

本書はプライバシーを軸として「人間の尊厳」（EU）と「表現の自由」（アメリカ）との相克に分け入る。自分にまつわる情報を自己決定権の中にどこまで閉じ込めることが可能なのか。しかもグローバルな領域で……。

開発された技術は、なかったものとして封じ込めることはできない。しかしデジタル化の進展には、誰が、何のために、どのように、といった利用目的の明確化が欠かせない。現代を読み解く必読の一冊。

〈日経夕刊、2021年4月1日〉

『権威主義』　エリカ・フランツ　上谷直克ほか 訳

白水社

副題「独裁政治の歴史と変貌」のほうが内容に即している。「権威」というのは、従っている側（大衆）が、その対象を自主的に尊敬（信従）しており、弾圧という暴力装置で従っているわけではない。天皇制はその典型だ。

本書の権威主義は、自由で公正な選挙によらない、個人や政党あるいは宗教や氏族などが軍隊や警察力によって支配している国（や地域）のことだ。それでも住民が豊かだったらまだよいが、多くは不自由と貧困の中にある。むろんリーダーは、退任後の懲罰を怖《おそ》れている。

日本やアメリカ、ＥＵ諸国を始めとする世界の半数の自由諸国は、格差や差別はあっても市場も自由も機能している。だが、多くの国は独裁の中にあり、権力批判は無理。

〈日経夕刊、２０２１年２月18日〉

『トクヴィルと明治思想史』

柳愛林

白水社

アメリカ人が最も好きな「アメリカ史」として有名な、フランス人アレクシ・ド・トクヴィルが書いた『アメリカのデモクラシー』が、どのように日本で受容されたのかを、日本の革命の時代だった明治時代を中心に描いた一冊だ。

トクヴィルの生誕はフランス革命とアメリカ合衆国の成立という政治的大変動が生じたあとの1805年。貴族や宗教的支配が揺らぎ、自由と平等そして政治的権利が浸透しつつある時期だ。

本書によると、『アメリカのデモクラシー』(第1巻)が、最初に翻訳されたのは明治憲法(1889年制定)の8年前、81年(明治14年)の肥塚龍による『自由言論』であったという。また著者の探究によると慶応義塾の第3代塾長・小幡篤次郎は明治9年頃すでにトクヴィルのデモクラシーの講話をしていた。もちろん日本もまた明治維新という変革の只中《ただなか》にあり、藩閥政治が崩壊し、新しい支配体制の構築が諸外国との角逐の中で急がれていた。

「人の関心を祖国に向けさせる」手段は「人を政治に参加」させることで、「公共の精神は参政権の行使と不可分である」。これがトクヴィルのデモクラシー理解だと著者は語る。そして福澤諭吉は小幡のトクヴィル理解に合わせて、人民の政治参加を求めていた。

トクヴィルは人民の政治参加が「自分の利益になるものとして国家の繁栄に関心」を持つことにつながるとする。だがここに『アメリカのデモクラシー』の主要テーマとなる、自由と平等の同時的な成立というアポリア（難問）が登場する。それは現代の難問でもある。

「自由の拡大」は「平等の拡大」につながらない。「平等」への多数者の欲求は圧政へ行き着き易《やす》い。能力は平等ではないからだ。しかしトクヴィルは、アメリカは権力と個人の間に無数の結社（中間組織）が生じており、個人主義も多数の圧政も制約されると理解した。

翻って日本はどうだろう。明治憲法制定の後、しばらくトクヴィルは忘却された。

しかし第2次大戦後、「民主政国家の新入生」日本において『アメリカのデモクラシー』は雑誌「世界」の特集などで復活した。トクヴィルの思想は、「自由主義と保守主義の両陣営から歓迎された」(中野好夫)という。

本書は明治と終戦後の日本を照射するデモクラシー論である。

〈日経朝刊、2022年1月8日〉

終章

本を読む意味

本書は本を読んできた記録である。ただ、いつ、どのように、といったことを明らかにするために、「日本経済新聞」を中心に、「週刊東洋経済」、「週刊朝日」などに寄稿した書評を多数再掲した。それらは必ずしも古典ではないが、5年、10年といった時間幅の生命力を持った本ばかりである。

またそのような本を紹介した背景知識、つまりそれまでにどのような本を読んできたか、が問われることになるので、「本の読み始め（きっかけ）」を最初に明らかにした。スタートは手塚治虫などによる漫画だった。小学生にとって、漫画の面白さは学校の教科書より圧倒的に面白いものだった。学校の図書館を利用したことはあまりなかった。百科事典や、偉人伝などが中心で、教科書と同じ程度につまらないものだった。

上京して仕事をし、給料をもらうようになると、貸本屋ではなく、自分で本を買うようになった。薄給だったので、当然、本屋さんの店頭で選ぶときは慎重になった。当時の郵便局の仕事は、夕方の5時に出勤し、翌朝の9時に終わるという長い勤務があったが、間に3時間ほどの仮眠時間があったので、若いときは十分に時間があり、本郷、神田などを歩いていた。渋谷に詩集専門の本屋さんがあったので、休日を含め、飽きるということがなかった。食事は、もっぱら寮と郵便局の食堂で安く済ませていた。外食はあまりしなかった。たまに新宿で食べても、アジのフライか、納豆と卵くらいだった。

本文でも触れたが、2年ほどたって、職場の先輩から東京・東中野にある文学学校を紹介され、通ってみたら、とても楽しく、2年間通うことになった。他人はどのように本を読んでいるかが理解できて、良い講師もいたので、急速に読む本の領域が広がった。

しかし労働組合活動にも熱心になり、時間が急速になくなった。休日は貴重な読書の時間となり、太宰治、山本周五郎、有吉佐和子、三島由紀夫などを片端から読んだ。集中して読むことの良さを体験的に知ったのはその経験があったからだった。柴田翔の『されどわれらが日々』や、高橋和巳の『邪宗門』などはとても面白かった。

こうした本を読みながら学んだのは、ストーリーの大切さと、「細部」に手を抜くと説得力を失うということだった。ただ、筆者は、小説は書いたことがない。書く能力がなかったからである。無論、小説家も、細部を徹底して構築していた。「神は細部に宿りたもう」という言葉があるが、まったくそうなのだ。

たくさんの本を読んできて学んだことは、現場に行き、そこで働く人や、何人もの経営者から話を聞き、ある共通項を見つけ、それを概念化するということだった。それは、藤本隆宏氏、小池和男氏などからの影響でもあった。

まだ総評労働運動が華やかだった時代に、筆者は、組合員の側から職場に入ったが、49歳で大学を卒業したときには、経営者から話を聞く必要性を切実に感じ、大田区の金型屋さんをはじめとして、結果、2000社を超える企業を訪問することとなった。そこで見たのは「中小企業はかわいそう」という一般的な評価は間違いである、という事実だった。健全な中小企業があってこその日本経済だと確信した。

海外調査は、福井県立大学の地域経済研究所の時代に、タイを拠点に、インドネシア、ベトナム、フィリピンなどを2ヵ月に1回、それぞれ1週間ほど工場訪問を中心に聞き取りに歩き、時には福井県内の中小企業の経営者と一緒に行き、その中には、後にベトナムに進出する工場もあった。

そのような工場主を見ていると、まさしく起業家精神というものを感じた。リスクを負ってこそ楽しさがあるという事実を学んだ。

無論、海外に進出しなくともよい。必要なことは自己投資である。

もうひとつ、学んだのは、「知人、友人、先生」たちの大切さだった。当然のことながら筆者もまたなんとまあ多くの人たちに助けられたことか。

詩人の茨木のり子は、かつて「倚りかからず」という詩を書いた。それは次のようなものだった。

もはや
できあいの思想には倚りかかりたくない
もはや
できあいの宗教には倚りかかりたくない

もはや
できあいの学問には倚りかかりたくない
もはや
いかなる権威にも倚りかかりたくはない
ながく生きて
心底学んだのはそれぐらい
じぶんの耳目
じぶんの二本足のみで立っていて
なに不都合のことやある

倚りかかるとすれば
それは
椅子の背もたれだけ

この茨木のり子の言葉は実に見事である。自立ということはこういうことであろう。最後にたどり着く場所だと筆者も思う。

ただ筆者は、繰り返しになるが、知人、友人、仲間、各段階で教えてもらった先生たちへの感謝がある。もちろん茨木のり子もそんなことは当たり前と思っているだろう。

またアメリカの労働者は、「ジェインズヴィルの悲劇」があっても、5年、6年と時間が経過し、アメリカの自動車産業が復活したとき、彼らはまた「集団」によって自立する。

つまり「労働組合」のストライキという方法によって自立するのである。しかしながらアメリカのエリートは別である。ただ、エリートは当然少数なので、多数派としての労働者は集団で「自立する」ことになる。

日本の企業別労働組合とは異なり、アメリカでは労働者と経営者は「仲間」ではない。経営者は要するにエリートに属する。日本のように、ソーシャルモビリティ、つまり階層間を移動するのは稀である。普通の労働者であることで、地域・社会に定着することを好む。

つまり「自立」の理解が異なっている。とはいえ、茨木のり子と異なっているという意味ではない。茨木のり子は個人ではあるが、個人として仕事を持ち、普通の働き者なのである。

さて、筆者は「本を読む」ことによって、たくさんのことを学んできたが、結局、学んだのは「自立」できるとよいと「願う」ということだった。

あとがき

これまでたくさんの本を読み、かつ書いてきた。

しかし本を読むという行為は基本的に、自分で現場に立つことはできない。そこで大切になるのは想像力である。その想像力は、新たな語彙力の獲得や、表現力の広がりをもって代替することができるような気がする。

本を読むことの意味のひとつはそこにある。本文の繰り返しになるが、書評という筆者の仕事は、読者にとっても同様の意味があると思う。つまり読者は、書評をする人間の表現力や語彙力の評価能力を無意識であっても知るのである。

本書で筆者はたくさんの本を論じてきたが、書評を紹介するにあたっては、基本的には単著を選んできた。2人、3人といったいわゆる論文集はほとんど扱っていない。

もちろん同一のテーマを複数の人間が書くということは大切なことだが、基本的には一人の人間が「何をどのように考えてきたか」を重視してきた。

しかし本書は単に本を読んだ記録ではない。やはり事実関係を確かめる必要がある本がいくつもあった。確かめる方法は、同じ著者がこれまでにどのような本を書いてきたかを読み直すことが主だった。そうした本は、隆慶一郎氏や高杉良氏が書いてきた作品とは少し異なる。

隆氏や高杉氏などの場合は、作品を論ずる、あるいは批評するというより、楽しむことがまず先である。

また、書評の対象は新刊本であることが前提だから楽しければよいというわけにはいかない。隆慶一郎の本は、全体はフィクションであっても、ストーリーの重要な部分に歴史的な事実に基づいた説明が書き込まれ、圧倒的なリアリティがあるものばかりだが、どの本もすでに50刷も版を重ねてきている。もはや古典の領域に達している。こうした本は当然、書評の対象にはならない。しかし読んで楽しいので、隆慶一郎の著書は全巻、買って家に置いて何度も読み返して楽しんでいる。

筆者の書評の姿勢は、本文にあるように「本を輝かすために本を語る」ところにある。書評は自分の知識を披露する場所ではない。

ロシアと中国に関する本は、多少、本をからかったものがある。この両国の「権威主義」は異常ともいうべき国民の支配方法を続けており、基本的には個人が国民全体を支配しているので、多少、「からかった」ものを選んだ。また、すでに指摘したことだが、早稲田大学の教師のように、世界中で翻訳され、世界的な「名著」として名高い、ジョージ・F・ケナンの『アメリカ外交50年』を自分の本と並べるというあつかましい人物はなかなかいないので、あえて実名でからかった。

いうまでもなく『アメリカ外交50年』(岩波書店)は、アメリカが最も輝いた時代に書かれたものだった。無論、今でも輝いているが、ケナンが『アメリカ外交50年』を書き終えたときとは少し事情が異なる。日本も同様だが20年、30年といった時間幅があると、どの国でも変化するのは当然である。

もともと移民によって形成されたアメリカが、悩んでいることのひとつは、まさにその「移民」である。近年になって激増するメキシコとの国境を越えて流入する移民は、ほとんどが「無許可」である。

白人と黒人の国だったアメリカは現代では「移民」の流入に悩んでおり、国境に「壁」を作っているが、そのアメリカ国内には「壁」を作ることに反対する人々も同時に存在しているのもまたアメリカらしさである。

何度もの繰り返しになるが、筆者が読んだ本は数えきれない。

小泉信三の『読書論』や池田潔の『自由と規律』などは、その語彙力と表現力の巧さで、読者を圧倒する。またゼネラルモーターズの倒産を描いた『ジェインズヴィルの悲劇』は、自分がその場に立ち会っているかのように錯覚させるほどの説得力だった。こうした本を読むのは実に楽しい。それゆれ筆者は、なんと恵まれた日々を送ってきたことかと、改めてその幸運を嚙み締めている。

中沢孝夫

本書は書き下ろしです。

著者略歴────
中沢孝夫　なかざわ・たかお
福井県立大学名誉教授。博士(経営学)。1944年生まれ。高校を卒業後、郵便局勤務から全逓労組専従を経て、45歳で立教大学法学部に入学、1993年卒業。2000年10月に姫路工業大学(現在の兵庫県立大学)教授に就任。2008年から福井県立大学経済学部教授。2014年から2018年3月まで福山大学教授。専門は、経営組織論、中小企業論、ものづくり論、人材育成論。2000社(そのうち100社は東南アジアの企業)以上の企業からの聞き取りをし、ミクロな領域で研究活動を行ってきた。「日本経済新聞」での「目利きが選ぶ3冊」や「週刊東洋経済」および「週刊朝日」などに長く書評を寄稿。
著書に『良質な社会と自己訂正能力』『起業家新時代』(以上平原社)、『働きものたちの同時代』(東京新聞出版局)、『中小企業新時代』『変わる商店街』(以上岩波新書)、『すごい製造業』(朝日新書)、『就活のまえに』(ちくまプリマー新書)、『グローバル化と中小企業』(筑摩選書)、『転職のまえに』(ちくま新書)、『働くことの意味』(夕日書房)ほか。

本を読む
―3000冊の書評を背景に―

2024年5月7日　第1刷発行

著者　中沢孝夫
装幀者　石間　淳
装画　保光敏将
本文デザイン　浅妻健司
発行者　碇　高明
発行所　株式会社 草思社
〒160-0022　東京都新宿区新宿1-10-1
電話　営業 03(4580)7676　編集 03(4580)7680

本文組版　横川浩之
印刷所　中央精版印刷株式会社
製本所　大口製本印刷株式会社

ISBN978-4-7942-2722-5 Printed in Japan　検印省略

草思社刊

【文庫】フランスの高校生が学んでいる10人の哲学者

シャルル・ペパン 著
永田千奈 訳

フランスの人気哲学者が、ギリシャ時代から近代までの西欧哲学者10人をコンパクトかつ通史的に紹介したベストセラー教科書。2時間で読める西欧哲学入門。

本体 900円

【文庫】生き物の死にざま

稲垣栄洋 著

数カ月も絶食して卵を守り続け孵化を見届け死んでゆくタコの母、地面に仰向けになり空を見ることなく死んでいくセミ…生き物たちの奮闘と哀切を描き感動を呼んだベストセラーの文庫化。

本体 750円

【文庫】東大教授が教える独学勉強法

柳川範之 著

テーマ設定から資料収集、本の読み方、情報の整理・分析、成果のアウトプットまで。高校へ行かず通信制大学から東大教授になった体験に基づく、今本当に必要な学び方。

本体 650円

【文庫】東大教授が教える知的に考える練習

柳川範之 著

「頭の良さ」とは習慣である。独学で東大教授への道を切り拓いた著者が、情報の収集・整理の仕方から豊かな発想の生み出し方まで、「思考」の全プロセスを伝授！

本体 700円

＊定価は本体価格に消費税を加えた金額になります。

草思社刊

【文庫】
自分がおじいさんになるということ

勢古浩爾 著

74歳、いよいよ老後も佳境に突入。押しも押されもせぬ老人になった著者が、思いのほか愉しい「老いのリアルな日々」をつぶさに綴る。読めば老後が待ち遠しくなる。

本体 900円

【文庫】
自分の「異常性」に気づかない人たち

病識と否認の心理

西多昌規 著

悪意なく人を傷つけ、罪悪感が一切ない！ 彼らはなぜ自分の異常さに気づけないのか？ 精神科医が〝病識無き人たち〟の隠された心の病理と対処法を明らかにする。

本体 750円

【文庫】
生と死を分ける数学

人生の（ほぼ）すべてに数学が関係するわけ

キット・イェーツ 著
冨永星 訳

感染症の蔓延から検査の偽陽性・偽陰性、ブラック・ライブズ・マター運動や刑事裁判のＤＮＡ鑑定、結婚相手選びまで。数々の事件・事故のウラにある数学を解説する。

本体 1,600円

【文庫】
鬼谷子

中国史上最強の策謀術

高橋健太郎 著

道徳すら武器。恐ろしく実戦的。中国戦国時代、一歩道を誤れば命を狙われる乱世の中、言葉一つで天下を自由自在に動かした遊説家たちの「策謀」の技術を本邦初公開。

本体 780円

＊定価は本体価格に消費税を加えた金額になります。